大判 花図鑑

花屋さんで人気の 421 種

MONCEAU FLEURS
モンソーフルール 監修

西東社

はじめに

花ともっと仲良くなりたい。
これは、そう思っているあなたのための本です。
花屋さんの店先やショーケースには四季折々、
たくさんの種類の花が並んでいます。
定番のバラやチューリップ、カーネーションなどのほかにも、
子どもの頃に遊んだ野原でよく見かけたなつかしい花や
人からいただいた花束に入っていためずらしい花など、
あなたはいくつの花の名前を知っていますか？
たった1本の花が、気持ちをホッと落ち着かせ、
暮らしに元気を与えてくれることもあります。
だから、特別な日だけではなく、毎日の生活の中で、

たくさんの花たちと
もっと仲良くなりましょう

もっと気軽に花を楽しみましょう。

そのための第一歩が、花の名前を覚え、その性質や特徴を知ること。

この本はきっと、花ともっと仲良くなるのに役立つはずです。

花屋さんで、名前の知らない花を見つけたら、ページをめくって探してみましょう。

この本では、

一般の植物図鑑にあるような学術的な説明はあえて省いて、

誰もが興味を抱きそうなエピソードやアレンジのコツなどを紹介しています。

花の全体像やデティールがよくわかるように撮影した写真は、

花の絵を描く人やフラワークラフトを手がける人などにも役に立つでしょう。

花の飾り方や楽しみ方にルールはありません。

華道やフラワーアレンジの心得がなくても大丈夫。

「花が好き」という気持ちさえあればいいのです。

たくさんの花たちともっと仲良くなって、

あなたらしい花のある暮らしを楽しんでください。

この本の使い方

花材の説明
花材の性質や特徴、名前の由来、アレンジでの使い方などについて説明しています。花材によっては、部位ごとのポイント説明を入れています。

英名
アメリカやイギリスなどの英語圏での名称。日本固有の植物などで英名がない場合は、ローマ字で表記しています。

花材の名称
学術的な正式名称ではなく、花屋さんで一般的に流通している名称です。

別名
花屋さんで流通している別名がある場合は、花材の名称の下に併記しています。

花色
一般に流通しているカラーバリエーションを花マークの色で表しています。産地での生産量が極めて少なく、一般の人がほとんど入手できない色についてははずしています。また、染め花材の色は含みません。

赤　ピンク　オレンジ色　黄色
白　紫色　ブルー　緑色
グレー（シルバー）　茶色　黒

※色の濃淡の違いなどは反映していません。たとえば、濃い黄色も淡いクリーム色も同じ色のマーク　で表しています。

花材の写真
花材の全体像がわかる写真を載せています。花材によっては、花や葉、つぼみなどのデティールがわかる拡大写真も載せています。

花材データ
植物分類／植物学上の「科・属」　**原産地**／その植物（または原種）が初めて発見された地域　**和名**／日本固有の呼び名や通称　**開花期**／日本国内における自然状態での開花時期。地域によって差がある　**流通サイズ**／市場で流通するサイズの目安。花屋さんで販売される際はもっとバラつきがある　**花（実・葉）の大きさ**／花の場合は、およそ直径2cm未満が「小」、5cm未満が「中」、5cm以上が「大」。品種によっても、個体差によっても違うので、あくまでも目安に　**価格帯**／花屋さんで販売される1本あたりの価格の目安。時期や流通量、地域、品質などによってもかなり差がある

出回り時期
市場で流通し、花屋さんで販売される時期。気候や地域によっても差があり、実際の開花期とはほとんどの場合異なります。

花言葉
その花の形や色、香りなどのイメージや、宗教的、歴史的な意味などによって、古くから言い伝えられてきた「花言葉」を集めて紹介しています。国や文化などによっても違いがあります。

本書では、花店さんなどに出回る生の花材を
「花」「枝もの」「実もの」「グリーン」の4種類に分けて、五十音順に紹介しています。
「花」はアレンジの主役として花の色や形を楽しむ花材、
「枝もの」は樹木の枝の部分を切った花材、
「実もの」は果実や種子を楽しむ花材、
「グリーン」はアレンジの脇役となる葉ものなどの花材です。

人気花の品種カタログ

切り花で特に人気の高い以下の17種類は、1ページ以上を使って、市場で人気の品種や新しい品種などをカタログ風に紹介しています。花型や花色、咲き方などの参考にしてください。
- アジサイ (P.16)
- アマリリス (P.24)
- アルストロメリア (P.28)
- カーネーション (P.41)
- ガーベラ (P.45)
- キク (P.52)
- コスモス (P.68)
- スターチス (P.84)
- ストック (P.86)
- ダリア (P.95)
- チューリップ (P.97)
- デルフィニウム (P.103)
- トルコギキョウ (P.107)
- バラ (P.120)
- ヒマワリ (P.132)
- ユリ (P.160)
- ラナンキュラス (P.164)

※花の品種は流動的なので、品種によっては今後、流通がなくなる場合もあります。

アレンジ実例

その花材を使って実際にアレンジした例を写真で紹介しています。花器や生け方、花材の組み合わせなど、参考にしてください。

押し花や押し葉、ドライフラワー、ポプリ、精油（エッセンシャルオイル）の原料になる花材には、それぞれマークをつけています。

Arrange memo

日もち／花や実、葉などが楽しめる時期。気候や置き場所によって差がある　水揚げ／その植物に適した水揚げ。それぞれの方法については246ページでくわしく解説　注意点／アレンジする際に知っておきたいポイント　相性のいい花材／組み合わせて飾るのにおすすめの花材

contents

花編 11〜174

はじめに ……… 2
この本の使い方 ……… 4

ア行

- アイスランドポピー ……… 12
- アイリス ……… 13
- アガパンサス ……… 14
- アゲラタム ……… 15
- アジサイ ……… 16
- アジサイ アナベル ……… 18
- アスター ……… 19
- アスチルベ ……… 20
- アストランティア ……… 21
- アネモネ ……… 22
- アマランサス ……… 23
- アマリリス ……… 24
- アリウム ……… 26
- アルケミラモリス ……… 27
- アルストロメリア ……… 28
- アワ ……… 30
- アンスリウム ……… 31
- イブニングスター ……… 32
- イオノシジウム ……… 33
- イベリス ……… 34
- ウィンターコスモス ……… 35
- エピデンドラム ……… 36
- エリンジウム ……… 37
- オーニソガラム ……… 38
- オミナエシ ……… 39
- オンシジウム ……… 40

カ行

- カーネーション ……… 41
- ガーベラ ……… 45
- カスミソウ ……… 47
- カラー ……… 48
- カンガルーポー ……… 49
- カンパニュラ ……… 50
- キキョウ ……… 51
- キク ……… 52
- キバナコスモス ……… 54
- ギリア ……… 55
- キルタンサス ……… 56
- キンギョソウ ……… 57
- クジャクソウ ……… 58
- グラジオラス ……… 59
- クラスペディア ……… 60
- グリーンベル ……… 61
- クリスマスブッシュ ……… 62

サ行

- クリスマスローズ … 63
- クルクマ … 64
- グロリオサ … 65
- ケイトウ … 66
- ケマンソウ … 67
- コスモス … 68
- コチョウラン … 70
- サンダーソニア … 71
- シキミア … 72
- シクラメン … 73
- シャクヤク … 74
- シュウメイギク … 75
- シュッコンスイートピー … 76
- シレネ … 77
- ジンジャー … 78
- シンビジウム … 79
- スイートピー … 80
- スイセン … 81
- スカビオサ … 82
- ススキ … 83
- スターチス … 84
- ストック … 86
- ストレリチア … 88
- ストロベリーキャンドル … 89
- スノーボール … 90

タ行

- スプレーマム … 91
- セルリア … 92
- センニチコウ … 93
- ソリダゴ … 94
- ダリア … 95
- チューリップ … 97
- チョコレートコスモス … 101
- ツルバキア … 102
- デルフィニウム … 103
- デンファレ … 105
- トラノオ … 106
- トルコギキョウ … 107

ナ行

- ナデシコ … 112
- ナノハナ … 113
- ニゲラ … 114
- ネリネ … 115

ハ行

- バーゼリア … 116
- バイモ … 117
- パフィオペディラム … 118
- ハボタン … 119
- バラ … 120
- バルビネラ … 128
- パンジー … 129

contents

マ行

- マーガレット … 155
- マトリカリア … 154
- マリーゴールド … 153
- ミシマサイコ … 152
- ミヤコワスレ … 151
- ベンケイソウ … 150
- ベロペロネ … 149
- ヘレニウム … 148
- ベルテッセン … 147
- ベニバナ … 146
- ヘリコニア … 145
- プロテア … 144
- ブルニア … 143
- ブルースター … 142
- ブルーレースフラワー … 141
- フリージア … 140
- フランネルフラワー … 139
- ブプレウルム … 138
- ブバルディア … 137
- フジバカマ … 136
- ピンクッション … 135
- ヒヤシンス … 134
- ヒマワリ … 132
- パンパス … 131
- バンダ … 130

ヤ行

- ヤグルマギク … 160
- ユリ … 159

ラ行

- ラケナリア … 163
- ラナンキュラス … 164
- リューカデンドロン … 166
- リューココリネ … 167
- リンドウ … 168
- ルピナス … 169
- ルリタマアザミ … 170
- レースフラワー … 171

ワ行

- ワスレナグサ … 172
- ワックスフラワー … 173
- ワレモコウ … 174

ア行

- アオモジ … 176
- アカメヤナギ … 177
- ウンリュウヤナギ … 178

- ムギ … 156
- ムスカリ … 157
- モカラ … 158

枝もの編 175〜200

カ行
- キイチゴ……179
- クジャクヒバ……180
- コデマリ……181

サ行
- サクラ……182
- サンゴミズキ……183
- セッカンスギ……184
- ソケイ……185

タ行
- ツバキ……186
- ドウダンツツジ……187

ナ行
- ナンテン……188

ハ行
- ヒイラギ……189
- ヒムロスギ……190
- ボケ……191

マ行
- マツ……192
- ミモザ……194
- モミ……195
- モモ……196

ヤ行
- ヤドリギ……197
- ユキヤナギ……198

実もの編 201〜216

- ライラック……199
- ロウバイ……200

カ行
- コニカルブラック……202

サ行
- サンキライ……203
- シンフォリカルポス……204
- スグリ……205
- センリョウ……206
- ソラナム……207

タ行
- ツルウメモドキ……208

ハ行
- バラの実……209
- ヒオウギ……210
- ビバーナム・ティヌス、ビバーナム・コンパクタ……211
- ヒペリカム……212
- フォックスフェイス……213
- ブラックベリー……214
- ペッパーベリー……215
- ミニパイン……216

contents

グリーン編 217〜238

ア行
- アイビー・アスパラガス …… 218
- アレカヤシ・アンブレラファン …… 219
- ウーリーブッシュ・ウスネオイデス …… 220
- オクラレルカ …… 221

カ行
- クッカバラ …… 221
- グリーンネックレス・ゲイラックス …… 222
- ケール・コアラファン …… 223
- コチア …… 224

サ行
- シュガーバイン …… 224
- シロタエギク・スチールグラス …… 225
- スマイラックス・スモークグラス …… 226

タ行
- タニワタリ・タバリアファン …… 227
- トキワイチゴ・トクサ …… 228
- トケイソウ・ドラセナ …… 229

ナ行
- ナルコユリ・ニューサイラン …… 230

ハ行
- ハラン・ピットスポルム …… 231
- フィロデンドロン・フトイ …… 232

マ行
- フレクシーグラス・ベアグラス …… 233
- ヘリクリサム …… 234

ヤ行
- ミスカンサス …… 234
- ミント …… 235

ラ行
- ユーカリ …… 235

- ラムズイヤー・リキュウソウ …… 236
- ルスカス・レザーファン …… 237
- レックスベゴニア・レモンリーフ …… 238

花とアレンジの基礎知識 239〜255

- lesson1 花材を知る・選ぶ …… 240
- lesson2 道具を使いこなす …… 244
- lesson3 水揚げする …… 246
- lesson4 アレンジする …… 248
- lesson5 花を贈る …… 252

付録
- 色別・季節別・シーン別 おすすめの花材一覧 …… 254

10

花編

アイスランドポピー
Iceland poppy

ポピーとして出回っているほとんどが「アイスランドポピー」。寒い冬のうちから花屋さんの店先に並びます。

くねくねと伸びる茎の先に毛が生えた丸いつぼみをつけます。うつむいていたつぼみが次第に頭をもたげ、ふたつに割れると、中からクレープ紙のように薄い4枚の花びらが現れて広がっていきます。

花色をミックスした束で出回るので、茎のラインを生かしてそのまま1種で飾っても。また、大らかな花の姿は、絵画やクラフトの対象としてもよく採りあげられます。

- 花茎やつぼみにはうぶ毛が生えている
- 咲きそうなつぼみがたくさん混じっているものを選ぶ
- 茎はくねくねと曲がりながら伸びる

丸いつぼみが2つに割れるとクシュクシュした花びらが開く

アレンジ実例

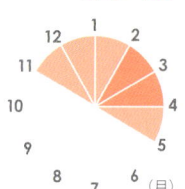

ミックス束をシンプルなグラスに入れ、別の器に入れたヒヤシンスと一緒にサイドテーブルなどに

Arrange memo
- 日もち：3〜5日
- 水揚げ：水切り、湯揚げ
- 注意点：茎が腐りやすいのでまめに切り戻しと水替えを。つぼみの皮がポロポロと落ちるので掃除を
- 相性のいい花材：
  スチールグラス（P.225）
  リキュウソウ（P.236）

押し花

Data
- 植物分類：ケシ科ケシ属
- 原産地：シベリアほかアジア大陸北部
- 和名：シベリア雛罌粟（シベリアヒナゲシ）、虞美人草（グビジンソウ）
- 開花期：2〜5月
- 流通サイズ：30〜50cm 程度
- 花の大きさ：中・大輪
- 価格帯：ミックス束で300〜500円

花言葉
忍耐、なぐさめ、忘却

出回り時期

アイリス
Iris

花菖蒲を思わせる色や姿は和のアレンジにも活躍

花屋さんで「アイリス」といえば、写真の「ダッチアイリス」が一般的。オランダで交配された球根アイリスで、花びらの付け根に黄色い斑（ふ）が入っているのが特徴です。きりっとした花の形やすっと伸びた花茎や葉のラインは花菖蒲に似て、枝ものと合わせて和のアレンジにも向きます。

アイリスのラテン読みは「イリス」。ギリシア神話の虹の女神イリスに由来しています。

大きな花びらの付け根に黄色い斑が入る

葉がみずみずしくピンとしているものを選ぶ

Arrange memo
日もち：3〜7日
水揚げ：水切り
注意点：つぼみに水をかけると咲かないことがあるので注意する
相性のいい花材：
デルフィニウム（P.103）
ユキヤナギ（P.198）

|アレンジ実例

アイリス1種類だけで作るブーケも印象的。花と同色のラフィアで束ねてポイントに

Data
植物分類：
アヤメ科アイリス属
原産地：
ヨーロッパ
地中海沿岸
和名：
オランダ文目
（オランダアヤメ）、
西洋菖蒲
（セイヨウアヤメ）
開花期：4〜5月
流通サイズ：
50〜70cm 程度
花の大きさ：中・大輪
価格帯：
150〜300 円
花言葉
消息、吉報、
恋のメッセージ
出回り時期

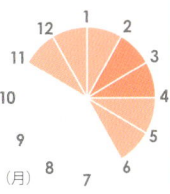

アガパンサス

Agapanthus

ギリシャ語で「愛」を意味する「アガペ」と「花」を意味する「アンサス」が名前の由来。長く伸びた花茎の先に、30〜50輪もの小花が放射状に咲き、一重咲きと八重咲きがあります。日が当たらないとつぼみが開かずに落ちることがあるので注意して。ブルーや紫の花色のものは、長いおしべやあいまって涼しげな印象。長い花茎の細い花びらと細い花茎のラインを生かしてすっきりしたアレンジに。和風、洋風、どちらにも合います。

たくさんの小花が放射状に咲く

開花すると花は下向きになる種が多い

和風、洋風、どちらにもおすすめ。茎のラインを生かしたアレンジに

Arrange memo

日もち：5〜7日
水揚げ：水切り
注意点：暗い場所を嫌うので日の当たる明るい場所に置く
相性のいい花材：
スカビオサ（P.82）
バラ（P.120）

アレンジ実例

アガパンサスの長い茎のラインを際立たせるよう、バラやスカビオサなどは低くあしらってテーブルに

涼を感じさせる青花

Data

植物分類：
ユリ科
アガパンサス属
原産地：
南アフリカ
和名：
紫君子蘭
（ムラサキクンシラン）
開花期：5〜8月
流通サイズ：
30〜80cm 程度
花の大きさ：小輪
価格帯：
200〜400 円
花言葉
恋の訪れ、愛の訪れ
出回り時期

アゲラタム
Flossflower

綿毛のような花びらの小花がボール状に集まって咲きます。ギリシャ語の「古くならない」という意味の言葉が、名前の由来。花が色あせにくいことからきています。ブルー・紫色系の品種が多く出回り、アザミを小さくしたような形をしているので、和名は「カッコウアザミ」。アレンジのサブ花材として、優しい雰囲気や色のアクセントがほしいときに重宝します。湿気を嫌うので、つぼみや花には水をかけないよう注意しましょう。

1〜2cmの小花がまとまって咲き、色もちがいい

綿毛のような愛らしい小花はアレンジのサブとしても活躍

葉が多いときはあらかじめ整理して使うこと

Arrange memo
日もち：5〜7日
水揚げ：水切り、湯揚げ
注意点：湿気を嫌うので風通しのよい明るい場所に。つぼみの時は落ちやすいので扱いに注意して
相性のいい花材：
スノーボール（P.90）
トルコギキョウ（P.107）

アレンジ実例

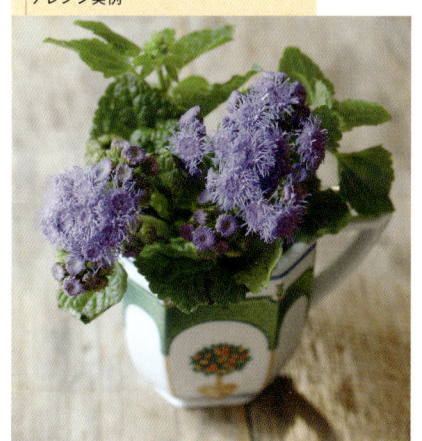

ミニポットにアゲラタムを短く生けたアレンジ。さりげなく入れてナチュラルに

Data
植物分類：
キク科アゲラタム属
原産地：
中米熱帯地方
和名：
霍香薊
（カッコウアザミ）
開花期：5〜10月
流通サイズ：
20〜60cm 程度
花の大きさ：小輪
価格帯：
150〜250円
花言葉
信頼、楽しい日々
出回り時期

アジサイ
Hydrangea

アジサイというと、梅雨の季節に咲く花というイメージがありますが、最近ではさまざまな色や種類が通年出回るようになりました。ブルー系やピンク系が多い「西洋アジサイ」のほか、立ち枯れした状態で出回るアンティークカラーの「秋色アジサイ」、ピラミッド型に花がつく「ミナヅキ」などがよく知られています。アレンジや花束のメインにしても、花の間を埋める脇役としても活躍します。水揚げが悪いので、切り口を焼いたり、切り口に割りを入れたりしましょう。小さな花が集まって咲きますが、花に見えるのは実はガクです。

花に見えるのはガク。アレンジのメインにしても脇役にしてもOK

花に見えるのはガク

水揚げが悪いのでしっかり処理すること

Data
植物分類：ユキノシタ科アジサイ属
原産地：日本、東アジア
和名：紫陽花（アジサイ）、七変化（ナナヘンゲ）
開花期：5〜7月
流通サイズ：40〜80cm程度
花の大きさ：小輪（花房としては大）
価格帯：400〜3000円
花言葉：移り気、浮気、冷酷、変節、あなたは冷たい
出回り時期

アレンジ実例

Arrange memo
日もち：5日〜2週間
水揚げ：水切り、燃焼、根元割り
注意点：水が下がりやすいのでしっかりと水揚げしてから生ける
相性のいい花材
カラー（P.48）
トルコギキョウ（P.107）

ガラスの鉢に水を浅く入れ、短く切った秋色アジサイを浮かべて微妙な色合いを楽しむ

アジサイ品種カタログ

アレンジ実例

シックな色のカラーやトルコギキョウなどとともに、丸くアレンジ。細長いグリーンで動きを出して

立ち枯れした状態で出回る「秋色アジサイ」。緑色〜紫色のニュアンスカラー

緑色〜ピンクの微妙な色変化が美しい「秋色アジサイ」。シックなアレンジに

淡い緑色がさわやかな印象の「秋色アジサイ」。白い花と合わせてもきれい

こちらも染め花材。薬品処理で花は黄色に。葉は自然な状態でついている

鮮やかなオレンジに着色された染め花材も最近は出回っている

アジサイ アナベル

Hydrangea "Anabelle"

開花するにつれて緑色から淡い緑色、白へ

一般的なアジサイより葉が薄くて小さい

開花するにつれて緑色から純白へと花色が変化

アジサイの仲間ですが、一般的なアジサイに比べてひとつひとつの花は細かく、葉や茎も華奢な印象。その小花が集まって15cmほどの手毬状に咲きます。開花するにつれて、緑色から淡い緑色、クリーム色、純白へと変化していくようすは、何ともいえない気品を漂わせています。
アジサイにはめずらしく「ひたむきな愛」という素敵な花言葉をもつので、プレゼントのブーケなどにも多く使われます。

Arrange memo

日もち：5〜7日
水揚げ：水切り、燃焼、根元割り
注意点：水が下がりやすいのでしっかり水揚げしてから生ける
相性のいい花材：
エリンジウム（P.37）
ドウダンツツジ（P.187）

Data

植物分類：
ユキノシタ科
アジサイ属

原産地：
北アメリカ

和名：
アメリカ糊の木
（アメリカノリノキ）

開花期：
5〜7月

流通サイズ：
40〜80cm程度

花の大きさ：小輪
（花房としては大）

価格帯：
500〜1000円

花言葉
ひたむきな愛

出回り時期
（月）

アスター
China aster

品種がとても多く、素朴な一重咲きから豪華な大輪の八重咲き、半八重咲き、ポンポン咲きなどさまざま。色も原色から中間色まで揃っています。

以前は、仏花としてお盆やお彼岸などに重宝されていましたが、最近では、アレンジやブーケなどに向く洋花風のものもたくさん出回っています。細い枝先に花がスプレー状にたくさんつくので、切り分けて使うのに便利。不要な葉は整理してから生けましょう。

色、形、大きさなど、種類はさまざま。切り分けて使いやすい

咲きそうにないつぼみは整理すると長もちする

ヒメアスター

水揚げはとてもよい

Data
植物分類：
キク科エゾギク属
原産地：
中国北部
和名：
蝦夷菊（エゾギク）
開花期：5〜7月
流通サイズ：
30〜80cm程度
花の大きさ：小・中輪
価格帯：
100〜300円

花言葉
信じる心、
美しい追想、同感、
変化

出回り時期

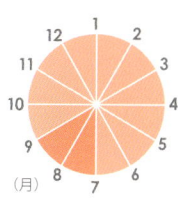

Arrange memo

日もち：5〜7日
水揚げ：水切り
注意点：葉が傷みやすいので、不要な葉はできるだけ整理する
相性のいい花材：
アリウム（P.26）
スイートピー（P.80）

アレンジ実例

上部を切り取った観賞用カボチャに吸水性スポンジをセット。切り分けたアスターをこんもりと

アスチルベ アワモリソウ

Perennial spiraea

細い茎の先に無数の小花が集まって、開くとふんわり泡立つように見えることから「泡盛草」の和名も。切り花として出回っている品種は、日本の山野草の「アワモリショウマ」と中国の「アスチルベ・シネンシス」を交配させたものが一般的。どことなく和の雰囲気が漂うのも納得です。ソフトでナチュラルな印象は、洋風にも和風にも合います。最近は、カラフルな染め花材も流通しています。

小花が泡粒のようにふんわりと咲く

茎は細くて、木のように硬い

ふんわりした花穂を生かして
ナチュラルな
野草風アレンジに

Arrange memo

- 日もち：5～7日
- 水揚げ：水切り、湯揚げ、燃焼
- 注意点：風に当てると水が下がりやすくなるので気をつける
- 相性のいい花材
  - **カンパニュラ**（P.50）
  - **スカビオサ**（P.82）

ドライフラワー

アレンジ実例

マットな質感の金属の花器に、ピンクのアスチルベ一種をナチュラルな姿を生かしてアレンジ

Data

- 植物分類：ユキノシタ科チダケサシ属
- 原産地：中央アジア、北アメリカ、日本
- 和名：泡盛草（アワモリソウ）、乳茸刺（チダケサシ）
- 開花期：5～7月
- 流通サイズ：40～80cm程度
- 花の大きさ：小輪
- 価格帯：150～300円

花言葉
恋の訪れ、気まま、自由

出回り時期

（月）

アストランティア

Masterwort

カサカサした質感の花は押し花やドライフラワーにもおすすめ

星型に開くガクが特徴。そこからたくさんの小花が半球型に広がって咲きます。花名も「星」を意味するギリシャ語の「アストラ」から来ています。ナチュラルな姿はどんな花材とも合わせやすいですが、独特な香りがあるので使いすぎないよう注意して。茎がやわらかく、花が下を向きがち。しっかり水切りしてから生けましょう。ドライフラワーにも向いています。

星型のガクが中心の小花を包んで咲く

茎がやわらかいのでていねいに扱うこと

Data

植物分類：
セリ科
アストランティア属
原産地：
ヨーロッパ、西アジア
和名：——
開花期：5〜9月
流通サイズ：
30〜60cm 程度
花の大きさ：小輪
価格帯：
150〜300円

花言葉
愛の渇き

出回り時期

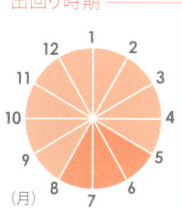

ローマ　　　マヨール・ルブラ

Arrange memo

日もち：5〜7日
水揚げ：水切り、湯揚げ
注意点：水が下がりやすいので、水揚げをしっかりと
相性のいい花材：
アルケミラモリス (P.27)
ブルーレースフラワー (P.142)

押し花　ドライフラワー

|アレンジ実例

清潔感のある白い水差しに、アストランティアとアルケミラモリスを無造作に入れて

アネモネ

Lily-of-the-field, Windflower

春の花を代表する一種。名前はギリシャ語の「風」を意味する「アネモ」から来ています。薄い花びらに見えるのは、実はガク。中心の黒紫色の部分が花です。一重咲き、半八重咲き、八重咲きがあり、花色も豊富。ミックスカラーで出回ることが多いので、アネモネ1種だけでアレンジしてもいいでしょう。開ききっていないものを選ぶと長もちします。

花びらに見えるガク。光や温度に敏感に反応して開閉する

中心の黒紫色の部分が花

つぼみが硬いものは咲かないことも多い

こっくりした色も魅力。ミックス束を1種で生けて色合いを楽しんでも

Data
- 植物分類：キンポウゲ科アネモネ属
- 原産地：地中海沿岸
- 和名：牡丹一華（ボタンイチゲ）、花一華（ハナイチゲ）、紅花翁草（ベニバナオキナグサ）
- 開花期：2〜5月
- 流通サイズ：25〜50cm程度
- 花の大きさ：中輪
- 価格帯：ミックス束で300〜500円

花言葉
期待、真実、はかない恋、あなたを信じて待つ

出回り時期

アレンジ実例

Arrange memo
- 日もち：2〜3日
- 水揚げ：水切り
- 注意点：直射日光などの強い光に当てるとしおれやすいので注意
- 相性のいい花材：
  - ブプレウルム（P.138）
  - マーガレット（P.151）

押し花

1本だけを飾るときはあえて個性的な花器を選ぶと、インパクトが大きくなる

アマランサス ヒモゲイトウ

Amaranth, Love-lies-bleeding

たくさんの花穂が集まって咲き、秋によく見かける花。花名は「しおれない」という意味のギリシャ語から来ています。花穂が長くひも状に伸びて垂れ下がるものは「アマランサス・コーダタス」、花穂が下垂しないものは「アマランサス・ヒポコンドリアクス」と呼ばれ、区別します。垂れ下がるタイプは個性的な姿を生かしたアレンジに。

垂れ下がる姿を生かしておしゃれで個性的なアレンジを

Data

植物分類：
ヒユ科
アマランサス属
原産地：
熱帯アメリカ、
熱帯アフリカ
和名：
紐鶏頭
（ヒモゲイトウ）、
莧（ヒユ）
開花期：7〜11月
流通サイズ：
80cm〜1.5m程度
花の大きさ：小輪
（花穂は中・大）
価格帯：
200〜400円
花言葉：
心配ご無用、
粘り強い精神
出回り時期

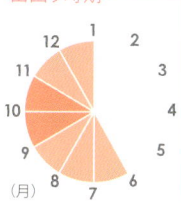

Arrange memo

日もち：5〜7日
水揚げ：水切り、湯揚げ
注意点：花茎が折れやすいのでていねいに扱う
相性のいい花材：
アンスリウム（P.31）
ダリア（P.95）

ドライフラワー

アレンジ実例

緑色のアマランサスをたくさん葉をつけた枝ものと一緒に。花器は大きめのものを選んで

長く垂れる花茎に花が丸く連なる。花茎は折れやすいので注意

アマランサス・コーダタス

アマリリス

Amarylis, Barbados lily, Knight's star lily

長く伸びた花茎の先に、ユリに似た華やかな花が数輪咲きます。存在感のある大輪や八重咲きの品種のほか、最近では、中輪で細めの花びらをつける種類も出回っています。品種によっては、甘い香りが漂うものも。茎の中が空洞になっていて折れやすいので注意しましょう。茎が折れてしまった花は、アレンジやブーケに短く使っても素敵です。

花茎の先に数輪の花をつける

アレンジの主役にぴったり。茎の中は空洞なので扱いに注意して

茎の中は空洞なので折れやすい

レッドライオン

Arrange memo

日もち：5〜7日
水揚げ：水切り
注意点：花茎が折れやすいので、中に別の花材の茎などを詰めると生けやすい。切り口が裂けやすいので、切れるナイフで回すようにして切る

相性のいい花材：
ニューサイラン（P.230）
ハラン（P.231）

アレンジ実例

白いアマリリスを短くカット。丸めたハランで花の周囲を囲むようにアレンジ

Data

植物分類：
ヒガンバナ科
ヒッペアストラム属
原産地：
南アメリカ
和名：
ジャガタラ水仙
（ジャガタラスイセン）
開花期：3〜7月
流通サイズ：
40〜80cm 程度
花の大きさ：
中・大輪
価格帯：
500〜1,800円

花言葉
誇り、素敵、内気、素晴らしく美しい、おしゃべり、強い虚栄心

出回り時期

アマリリス品種カタログ

一重咲きの大輪で、ビロードのような花弁の「ロイヤルベルベット」

雪のように真っ白な「クリスマスギフト」

アレンジ実例

ガラスの大きな花器に水とヒメリンゴを入れ、ヒメリンゴを花留めにして背の高いアマリリスを生ける

ピンクと白の複色が華やかな「カリスマ」

アリウム アリアム

Allium

切るとネギのような匂い。
花茎のラインを生かして
動きのあるアレンジを

ネギに代表されるアリウム属の花は、花茎を切ると独特なネギのような匂いがするのが特徴。人に贈るときは気をつけて。多くの種類がありますが、写真の「アリウム・コワニー」や細い茎がくねくねと曲がる「アリウム・タンチョウ」、大型のネギ坊主のような「アリウム・ギガンジウム」などが切り花として人気。日もちや水揚げもよく、花茎のラインを生かしたアレンジがおすすめです。

純白の小花が20～30個ほど集まって放射状に咲く

茎は栽培時に意図的に曲げられることも。折れやすいので注意して

Arrange memo

日もち：7日～3週間
（種類によって違う）
水揚げ：水切り
注意点：花茎が折れやすいのでていねいに扱う
相性のいい花材：
スイートピー (P.80)
チューリップ (P.97)

アレンジ実例

茎が折れてしまったら、短くして飾っても。
組み合わせたのは緑色のクリスマスローズ

アリウム・コワニー

「アリウム・タンチョウ（丹頂）」。花の上部から色づくのが名前の由来。細い茎がカーブする

Data

植物分類：
ユリ科アリウム属
原産地：
地中海沿岸、中央アジア
和名：
花葱（ハナネギ）
開花期：4～6月
10～11月
流通サイズ：
50cm～1m程度
花の大きさ：小輪
価格帯：
150～500円

花言葉
無限の悲しみ、
正しい主張、
くじけない心、
夫婦円満

出回り時期

アルケミラモリス
Lady's mantle

全体が明るい黄緑色で合わせる花材を引き立てる名脇役

枝分かれした細い花茎に、小さな黄色い花をたくさんつけます。葉の色も明るく、全体が黄緑色に見えるので、ほかの花材を美しく引き立てるグリーンの役割も。プレゼントのアレンジやブーケなどに入れてボリュームアップするのにもおすすめです。花は蒸れに弱く、すぐに黒ずんでくるので、風通しのいい場所に飾りましょう。英名の「レディース・マントル」は、葉の形が聖母のマントを思わせることから来ています。

非常に小さな花が集まって咲く

茎は細いが折れにくい。枝分かれしているので切り分けて使える

Data
植物分類：
バラ科アルケミラ属
原産地：
ヨーロッパ東部、小アジア
和名：
西洋羽衣草
（セイヨウハゴロモソウ）
開花期：5〜6月
流通サイズ：
30〜50cm 程度
花の大きさ：小輪
価格帯：
150〜300円
花言葉
輝き、献身的な愛、初恋
出回り時期

Arrange memo
日もち：5〜7日
水揚げ：水切り
注意点：花が蒸れると黒ずんでくるので風通しをよくする
相性のいい花材：
アストランティア（P.21）
スカビオサ（P.82）

アルストロメリア

Lily-of-the-Incas, Peruvian lily

花もちがよくて人気。毎日切り戻して水を替えると、つぼみもよく咲く

水揚げや花もちがよく、花色や種類も豊富で、ほとんど1年中出回っている人気の花。花びらの内側に筋状の斑点（はんてん）が入るのが特徴ですが、最近は斑点のない品種も増えてきました。50種以上の品種があり、そのほとんどが改良種ですが、花が小さくて花色もひかえめな原種系も人気。茎を切り戻し、咲き終わった花を摘み取り、水替えをまめにすると長もちして、つぼみもよく咲きます。

花弁の内側に筋状の斑点（はんてん）が入るものが多い

葉が傷みやすいので、生ける前に整理して

オライオン

Arrange memo

日もち：5〜7日
水揚げ：水切り
注意点：葉が傷みやすいので整理する。終わった花は摘み取る
相性のいい花材：
ソリダゴ (P.94)
ブプレウルム (P.138)

押し花

アレンジ実例

花を1輪ずつ切って、小さなショットグラスに。長いまま使うのとは違った表情が楽しめる

Data

植物分類：
アルストロメリア科 アルストロメリア属
原産地：
南アメリカ
和名：
百合水仙（ユリズイセン）
開花期：3〜6月
流通サイズ：
50cm〜1m程度
花の大きさ：
小・中輪
価格帯：
100〜1,000円
花言葉
未来への憧れ、エキゾチック、機敏、持続、援助、幸福な日々、凛々しさ

出回り時期

アルストロメリア品種カタログ

楚々とした小さな花が咲く「メロリーナ」。こちらも原種に近いめずらしい品種

シックな色合いの「かげろい」は、花も小さく、原種に近い品種でめずらしい

花がない葉だけの品種も

写真の「バリエガータ」という品種は、グリーン花材として出回っているが、れっきとしたアルストロメリア。白い斑入りでどんな花とも合わせやすい

花びらの内側に筋状の斑点が入らない「カルメン」。赤と白の複色が愛らしい

アワ

Bengal grass, Foxtail millet

イネ科の植物で一見するとエノコログサ（ネコジャラシ）を大きくしたような風情です。毛に覆われた長さ10〜15cm、太さ4〜5cmほどの花穂をつけ、熟してくると黄色から淡い茶色へと変化します。種子は古くから穀物として活用されていますが、名前の由来は、五穀の中でも味が「淡い」ことだという説も。大ぶりな花と組み合わせて、ワイルドなアレンジを楽しみましょう。

青々とした花穂から黄色や茶褐色などに色づいたものまでさまざま

茎と葉は黄色くなるので花穂だけを根元からカットして使っても

葉は切られた状態で出回ることが多い

花穂で季節感を演出。大ぶりな花と組み合わせてワイルドなアレンジに

Arrange memo

日もち：7〜10日
水揚げ：水切り
注意点：葉や茎は黄色くなりやすいので、花穂だけ使えば長もちする
相性のいい花材：
ヒマワリ（P.132）
ヘリコニア（P.146）

ドライフラワー

アレンジ実例

まだ色づく前のアワをカラーやデンファレと合わせて同系色のアレンジに

Data

植物分類：
イネ科
エノコログサ属
原産地：
東アジア
和名：
粟（アワ）
開花期：8〜9月
流通サイズ：
1〜1.5m程度
花の大きさ：
小輪（花穂は大）
価格帯：
100〜300円

花言葉
まとわりつく愛

出回り時期

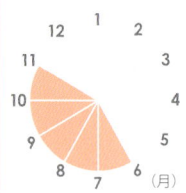

30

アンスリウム

Flamingo lily,Tail flower

スタンダードな赤の品種をはじめ、小ぶりのチューリップ型のものやシックな色味やパステルカラーのものなど、さまざまな品種が出回っています。存在感のある個性的な形を生かして、モダンなアレンジやブーケなどに。ハート型の葉も、花とは別に花もちがいいので、夏場の花の少ない時期にも重宝します。ハート型の葉も、花とは別に出回ります。

中央にあるのは棒状の花序

ハート型の部分は苞

**トロピカルムード満点！
個性的な形を生かして
すっきりとモダンに**

Data
植物分類：
サトイモ科
アンスリウム属
原産地：
熱帯アメリカ
和名：
大紅団扇
（オオベニウチワ）、
牛の舌（ウシノシタ）
開花期：6〜7月
流通サイズ：
30cm〜1m程度
花の大きさ：中・大輪
（苞含む）
価格帯：
100〜400円
花言葉
情熱、煩悩、
強烈な印象、
飾らない美しさ、
旅立ち
出回り時期

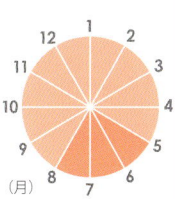

Arrange memo

日もち：2週間程度
水揚げ：水切り、湯揚げ
注意点：室温12℃以上をキープする
相性のいい花材：
モカラ（P.158）
クッカバラ（P.221）

アンスリウムは、ハート型の葉も愛らしい。グリーン花材として、花とは別に出回る

花とは別に葉も出回る

オザキ

顔が正面に向くよう茎のラインをよく見て選ぶ

ピスターチ

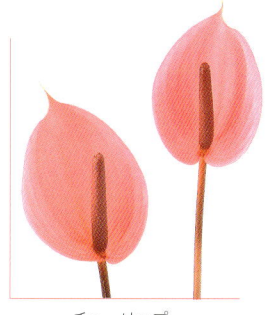

チューリップ

イブニングスター

Swertia

小さな星型の花が清楚な印象。
切り分けて使って
アレンジにボリュームを

薄紫色の小さな花は、直径2〜3cm。枝分かれした茎の先に次々と咲きます。星のような花の形にちなんで「イブニングスター」と呼ばれますが、実は薬草のセンブリの仲間。センブリは草全体を乾燥させて粉末やお茶などにして用い、古くから健胃効果が知られています。しかし、切り花として出回っている「イブニングスター」には薬効はありません。切り分けて、グリーンの代わりに使うなど、どんな花材にも合わせやすく、アレンジにボリュームを出すのにも一役買ってくれます。秋らしく優しい雰囲気を生かして、かごなど一に生けても似合います。

5枚の花弁が小さな星のような形をしている

枝分かれした茎は切り分けて使える

Data

植物分類：リンドウ科センブリ属
原産地：日本、中国、朝鮮半島
和名：紫千振（ムラサキセンブリ）、花千振（ハナセンブリ）
開花期：9〜11月
流通サイズ：20cm〜1m程度
花の大きさ：小輪
価格帯：200〜300円
花言葉：安らぎ、余裕、すべてよし、許す
出回り時期

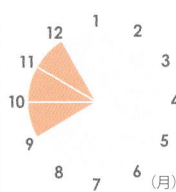

Arrange memo

日もち：7〜10日
水揚げ：水切り、湯揚げ
注意点：水に浸かる部分の枝葉は取る
相性のいい花材：
リンドウ (P.168)
ワレモコウ (P.174)

イオノシジウム

Ionocidium

最近、人気のランの一種。イオノプシス（Ionopsis）とオンシジウム（Oncidium）（40ページ）の交配種です。写真は「ポップコーン・ハルリ」という品種。中輪の可憐な花を多数つけ、開花後に淡い黄色から薄いピンク、濃いピンクへと、日が経つにつれ、花色の変化が楽しめます。周年、出回っていますが、夏場は発色が悪く、色が淡くなります。アレンジに加えると、優雅な雰囲気になります。

花色は黄色からピンクへと変化する

小型で可憐な花はもちがよく、ブーケなどにも人気

ポップコーン・ハルリ

Data

植物分類：
ラン科
イオノシジウム属
原産地：
中央アメリカ、
南アメリカ
和名：──
開花期：4〜5月、
10〜11月
流通サイズ：
30〜50cm 程度
花の大きさ：中輪
価格帯：
300〜400円

花言葉
容姿端麗

出回り時期

Arrange memo

日もち：2週間程度
水揚げ：水切り
注意点：特になし
相性のいい花材：
　チューリップ（P.97）
　トルコギキョウ（P.107）

イベリス キャンディータフト

Candytuft

小さな花がこんもり
丸く集まった姿が
甘いキャンディーのよう

甘く優しい花色の品種が多く、カーブする細い花茎の先に小さな花が集まって丸く咲く姿が砂糖菓子のようなので「キャンディータフト」の別名も。花の向きによって表情が変わり、茎のラインで動きが出るのも魅力的。枝分かれしたスプレータイプで出回り、切り分けて使えばアレンジやブーケにボリュームが出ます。しっかり水揚げするとつぼみまで咲きます。

小さな花が傘状に開いて咲く

咲きかけのつぼみが多いものを選ぶと長もちする

茎は折れやすいので取り扱いに注意

Arrange memo

日もち：5〜7日
水揚げ：水切り、湯揚げ
注意点：水が腐りやすいので、まめに水替えを
相性のいい花材：
　スイートピー (P.80)
　チューリップ (P.97)

押し花

Data

植物分類：
　アブラナ科
　イベリス属
原産地：
　地中海沿岸、
　西南アジア
和名：
　常盤薺
　（トキワナヅナ）、
　屈曲花（マガリバナ）
開花期：4〜5月
流通サイズ：
　40〜80cm 程度
花の大きさ：小輪
価格帯：
　200〜400円
花言葉
　心を惹きつける、
　柔和、初恋の思い出、
　甘い誘惑
出回り時期

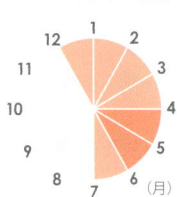

ウィンターコスモス ビデンス

Winter cosmos, Bidens, Bur-marigold

コスモスに似た花を冬にも咲かせるということから「ウィンターコスモス」という名前で呼ばれますが、植物分類はキク科ビデンス属。コスモスの種類ではありません。秋遅くの、花が少なくなった時期に重宝します。枝分かれするスプレータイプで、ナチュラルなアレンジに向きます。水揚げがよく、長もちするのも特長です。

コスモスに似た黄色い花を冬にも咲かせる

- 花の形はコスモスに似ている
- 葉の形がコスモスとは全然違う
- 茎はしなやかだが硬い

Data

植物分類：
キク科ビデンス属
原産地：
北アメリカ
和名：──
開花期：8〜12月
流通サイズ：
50cm〜1m程度
花の大きさ：中輪
価格帯：
150〜300円
花言葉
調和、忍耐、真心
出回り時期

Arrange memo

日もち：7〜10日
水揚げ：水切り
注意点：水に浸かる部分の葉は取ってから生ける
相性のいい花材：
クジャクソウ (P.58)
トラノオ (P.106)

エピデンドラム

Buttonhole orchid

華やかでクリアな花色が魅力。
葉つきの場合は
花と切り離して使って

「エピデンドラム」という属名は、「木の上」を意味するギリシャ語に由来し、木に着生するランであることを意味しています。非常に多くの種類があり、花色や姿もさまざまですが、写真のように茎の頂部から伸びる花茎に、蝶のような小花が集まって咲くタイプが一般的。葉がつかないコンパクトなものと葉つきのものが出回っていますが、葉は下のほうにつくので、花と切り離して使うほうがアレンジしやすくなります。

花は外側から次々と咲き進む

葉は肉厚で丈夫

葉のすぐ上で茎を何カ所か切って、アレンジに使うとよい

Arrange memo

日もち：2週間程度
水揚げ：水切り
注意点：終わった花はすぐに摘み取る
相性のいい花材：
デンファレ（P.105）
ユリ（P.160）

| アレンジ実例

黄色いエピデンドラムを短く切って、斑入りのグリーンとともに白いシンプルな器にアレンジ

Data

植物分類：
ラン科
エピデンドラム属
原産地：
中央アメリカ、
南アメリカ
和名：──
開花期：12〜4月
流通サイズ：
20〜80cm程度
花の大きさ：中輪
価格帯：
300〜500円

花言葉
浄福、
孤高へのあこがれ、
可憐な美、
ささやき、判断力

出回り時期
（月）

エリンジウム

Eryngo

独特の乾いた質感の花はモダンな印象。近年、人気が高い花材です。シルバーがかったブルーも個性的。茎が青い品種もあります。花を包むギザギザの苞(ほう)やトゲのある葉が野性的。アレンジのメインにするには少しさびしいので、ポイントに使うといいでしょう。1種だけをまとめて飾っても素敵です。ドライフラワーにもなります。

- 花はトゲのある苞(ほう)に包まれている
- ギザギザの葉にもトゲがある
- 茎が青い品種もある

野草のような雰囲気や独特な質感を生かして個性的に

Data

植物分類：
セリ科 エリンジウム属
原産地：
ヨーロッパ、小アジア、南・北アフリカ
和名：
瑠璃松笠(ルリマツカサ)、松笠薊(マツカサアザミ)
開花期：6～8月
流通サイズ：
60cm～1m程度
花の大きさ：中輪
価格帯：
200～500円

花言葉
光を求める、秘めたる愛、秘密の愛情、無言の愛

出回り時期

Arrange memo

日もち：7～10日
水揚げ：水切り
注意点：葉が枯れやすいのでなるべく取る
相性のいい花材：
デルフィニウム (P.103)
リンドウ (P.168)

ドライフラワー

アレンジ実例

ユリやリンドウ、オーニソガラムなどと合わせ、青と白でまとめた涼しげなアレンジ

オーニソガラム

Chincherinchee, Wonder flower

球根花で約100種類の品種がありますが、写真の品種は「オーニソガラム・アラビカム」。和名の「黒星大甘菜」は、めしべが黒褐色で目立つことから来ています。ほかに、白い花が穂状につく「オーニソガラム・シリソイデス」という品種もポピュラー。花もちがとてもいいので、白い品種はウエディングブーケや装花などにもよく使われます。茎の長い品種は大きなアレンジにも。

めしべが黒褐色で目立つ

硬いつぼみは開花するのに時間がかかる

純白の品種はウエディングにもぴったり。花もちがよくて人気

茎はやわらかめなので、夏場は水の量を少なめに

オーニソガラム・アラビカム

Arrange memo

日もち：10日～2週間
水揚げ：水切り
注意点：咲き終わった花を取り除けば次々と咲く
相性のいい花材：
カラー（P.48）
ニューサイラン（P.230）

| アレンジ実例 |

シルバーの水差しに生けたのは、白い花が穂状に咲く「オーニソガラム・シリソイデス」

Data

植物分類：ユリ科オーニソガラム属
原産地：地中海沿岸、南アフリカ、西アジア
和名：大甘菜（オオアマナ）
開花期：4～5月
流通サイズ：20～90cm程度
花の大きさ：小・中輪
価格帯：150～300円

花言葉
純粋、才能、潔白、無垢

出回り時期

オミナエシ

Patrinia

秋の七草のひとつとして、万葉集にも登場するほど、昔から親しまれてきました。「オミナエシ」という名前は、「女飯」（オンナメシ）が変化したものという説があり、女性の食べ物とされた粟飯の色に花の色が似ているからだとか。確かに、和花のイメージが強いですが、洋風にも使えます。独特の匂いがあるので、使いすぎには注意しましょう。

茎の先につける黄色の小さな花は粟粒のようにも見えます。

粟粒のような黄色い小さな花

1本をそのまま使わず、枝分けして使う

秋の七草のひとつ。独特の匂いがあるので使いすぎに気をつけて

Data

植物分類：
オミナエシ科
オミナエシ属
原産地：
日本、東アジア
和名：
女郎花（オミナエシ）
開花期：8～10月
流通サイズ：
60cm～1m程度
花の大きさ：小輪
価格帯：
150～300円
花言葉：
親切、美人、
はかない恋、
永久、忍耐、約束
出回り時期

```
    12  1
  11      2
 10        3
              4
  9        5
    8    6
   (月) 7
```

Arrange memo

日もち：5～7日
水揚げ：水切り、湯揚げ
注意点：水が臭くなるので毎日取り替える
相性のいい花材：
キキョウ（P.51）
ベニバナ（P.145）

オンシジウム

Dancing-lady orchid

踊る女性のような可憐な小花が愛らしい。花は乾燥に注意して

かつてはシンガポールやマレーシアから大量輸入されていましたが、最近では国内産のものも多く出回っています。写真のように、花色が黄色で中心に赤や褐色の斑点(はんてん)入りの品種が一般的ですが、赤や白なども。香りのよい品種も出回っています。花は乾燥に弱いので、湿度が低い場所では1日1回、霧吹きで水分を補給しましょう。

女性が踊っているような花の形

茎は細くてしなやか

壁のフックに小びんを吊るし、そこに生けたオンシジウムの枝を並んだフックに引っ掛けている

Arrange memo　アレンジ実例

日もち：7～10日
水揚げ：水切り
注意点：花は乾燥に弱いので、湿度が低い場所では、1日1回霧吹きで水を
相性のいい花材：
ストレリチア（P.88）
ヘリコニア（P.146）

押し花

Data
植物分類：ラン科オンシジウム属
原産地：中央アメリカ、南アメリカ
和名：群雀蘭（ムレスズメラン）、雀蘭（スズメラン）
開花期：9～10月
流通サイズ：80cm～1m程度
花の大きさ：中輪
価格帯：300～500円

花言葉
清楚、一緒に踊って、美しい瞳、可憐、遊び心

出回り時期

カーネーション
Carnation

「母の日」の定番。豊富なカラーバリエーションでアレンジの幅が広がる

「母の日」の定番として、世界中で愛されている花。フリルたっぷりの花びらと、花びら先端に入った切れ込みが華やかです。香りがいい品種が多いのも特長です。

その品種は数千にもおよび、赤やピンクなどの明るい色以外にも、紫色やブルーなどのシックなものも最近は人気。

1本の茎にひとつの花をつけるスタンダードタイプと、枝分かれした茎先に複数の花をつけるスプレータイプに大別されます。

ガクが青々しているものを選ぶといい

2枚の細い葉が茎を挟んで向かい合ってつく

くしゅくしゅした花びらは丈夫で扱いやすい

ガリレオ

Data
植物分類：
ナデシコ科ナデシコ属
原産地：
ヨーロッパ、西アジア
和名：
阿蘭陀石竹（オランダセキチク）、阿蘭陀撫子（オランダナデシコ）、麝香撫子（ジャコウナデシコ）
開花期： 4〜6月
流通サイズ：
40cm〜1.5m程度
花の大きさ：
小・中輪
価格帯：
100〜300円
花言葉
純粋な愛、感動、あなたを熱愛します、愛を信じる、集団美
出回り時期

Arrange memo
日もち： 1〜2週間
水揚げ： 水切り
注意点： 緑色の硬いつぼみは開花しないので取り除く
相性のいい花材：
バラ（P.120）
レースフラワー（P.171）

アレンジ実例
カーネーションやバラ、マトリカリアで作った優しげなラウンドブーケ

◀ 品種カタログに続く

カーネーション品種カタログ

こちらも人気のノビオシリーズ、「ノビオバイオレット」。バラを思わせる豪華な色味

「ノビオレッド」。深い赤と縁のピンクの取り合わせが大人っぽい

新しい品種で人気の高い「ノビオバーガンディー」。深みのあるワイン色が美しい

|アレンジ実例

ノビオシリーズをはじめ、色とりどりのカーネーションでキュートなブーケに

赤は赤でも深みのある真紅のカーネーション「ネボ」

42

愛らしいピンクのカーネーションは「ピンクモンテズマ」

白い花びらの縁がほんのりピンクに色づく、ガーリーな雰囲気の「ゼバ」

淡いピンクのカーネーション「マーロ」は、ピンクのグラデーションで作るブーケなどに

優しいクリーム色の「バックス」。濃い色の花にも、淡い色の花にも合う

ベージュがかったニュアンスカラーはどんな色とも合わせやすい「クレオラ」

純白のカーネーション「シベリア」は、白とグリーンだけで作るブーケなどにもぴったり

カーネーション品種カタログ

白い花びらを濃いピンクで縁取りしたような女性らしい雰囲気の「コマチ」

アプリコット色の「ドヌーブ」も人気カラーのカーネーション

スプレーカーネーションの「フラップ」。小ぶりな花がたくさん咲く

アレンジ実例

色とりどりのカーネーションを合わせて、周囲に丸めたドラセナを

ガーベラ

African daisy, Transvaal daisy

くっきりとした色や形が明るく陽気な雰囲気を演出

鮮やかな花色とくっきりとした輪郭の花型が、親しみやすい花。花色も豊富で、アレンジに向く多様な品種が出回っています。かつては一重咲きが主流でしたが、最近は花びらの先端がとがったスパイダー咲きや八重咲き、アネモネ咲きなども。水揚げはいいのですが、茎のうぶ毛が水をにごらせるので、まめに水替えしましょう。

花びらが水平から上を向いているものを選ぶ

真ん中の部分も小さな花の集合。外側から順に咲いていく

ガクも茎と同様、白いうぶ毛に覆われている

茎は変色しやすいので、少なめの水に生ける

セリーナ

Arrange memo

日もち：4〜10日
水揚げ：水切り、湯揚げ
注意点：首垂れしやすいのが難点。茎にワイヤーを入れると補強になり、吸水性スポンジにも挿しやすくなる
相性のいい花材：
レースフラワー（P.171）
ヒペリカム（P.212）

アレンジ実例

リング型の花器に3色のガーベラをアレンジ。空いている部分にはタニワタリの葉を

Data

植物分類：
キク科ガーベラ科
原産地：
南アフリカ
和名：
花車（ハナグルマ）、大千本槍（オオセンボンヤリ）、アフリカ千本槍（アフリカセンボンヤリ）
開花期：3〜5月、9〜11月
流通サイズ：
15〜45cm程度
花の大きさ：中輪
価格帯：
100〜300円
花言葉：
崇高な美、神秘、希望、光あふれる
出回り時期

🌸 品種カタログに続く

ガーベラ品種カタログ

「ホワイトスター」の名のとおり、クリアな白が印象的

淡いピンクの「ティアラ」は、どんな花とも合わせやすい

ピンクが愛らしい「ソネット」。中心部が黒っぽいのが特徴

アレンジ実例

ガーベラと同じように花びらが多いトルコギキョウやバラと組み合わせたアレンジ

マリモを思わせるような緑色の個性的な花は「ポコロコ」

とがった花びらとビビッドなオレンジ色が太陽を思わせる「トマホーク」

カスミソウ

Baby's breath

茎は細かく分岐して、細い枝にごく小さな白い花を咲かせます。英名を「ベビーズブレス（赤ちゃんの吐息）」というように、たくさんの小花はアレンジ全体に甘さをプラスしたいときにぴったりです。

どんな花材とも相性がいい一方で、使いすぎるとまとまりにくくなる場合も。枝の向きや花のつき具合を見ながら、枝分けしたものを脇役として使います。独特な匂いを嫌う人もいるので、その点からも使いすぎに注意しましょう。

細い枝に咲く
たくさんの小花が
アレンジに
甘いムードを添える

Arrange memo

- **日もち**：5～7日
- **水揚げ**：水切り、湯揚げ
- **注意点**：独特な匂いがあるので使い過ぎない
- **相性のいい花材**：
  白バラ、緑色のバラ (P.120)
  ブバルディア (P.137)

ドライフラワー

アレンジ実例

シンプルなガラスの大きな花器に、たくさんのカスミソウだけをふわっと生ける

- つぼみは開花しにくいため、開いた花が多いものを選ぶ
- 茎は折れやすいので注意して扱う

Data

- **植物分類**：
  ナデシコ科
  ジプソフィラ属
- **原産地**：
  ヨーロッパ、
  中央アジア
- **和名**：
  霞草（カスミソウ）
- **開花期**：5～6月
- **流通サイズ**：
  40cm～1m程度
- **花の大きさ**：小輪
- **価格帯**：
  150～300円
- **花言葉**：
  清い心、無邪気、夢見心地
- **出回り時期**

カラー

Calla, Calla lily

くるりと
ひと巻きした花が
エレガントな魅力を放つ

もっとも親しまれている白のほか、ピンクやオレンジ色など明るい花色のものや、茎まで黒いエキゾチックな品種も。その気品漂う花姿はウエディングでも人気です。花びらに見える苞（ほう）の部分は傷みやすいのでていねいに。くるりと巻いた花から茎にかけての流れるようなラインを生かすように使うと、スマートで洗練された印象が際立ちます。

中心の棒状の部分が花

花びらに見えるのは苞

指でしごくと茎が簡単にカーブする

Arrange memo

日もち：7〜10日
水揚げ：水切り
注意点：水替えのたびに茎を切り戻すと長もちする
相性のいい花材：
アジサイ（P.16）
オクラレルカ（P.221）

アレンジ実例

シンプルな花器の一方に寄せて、アプリコット色のカラーを。流れるようなラインを生かして

シュワルツワルダー

ゴールド

グリーンゴッデス

茎の先端にしわや変色がないものを選ぶ

Data

植物分類：
サトイモ科
ザンテデスキア属
原産地：
南アフリカ
和名：
海芋（カイウ）
開花期：4〜7月
流通サイズ：
30cm〜1m程度
花の大きさ：
中・大輪
価格帯：
200〜600円

花言葉
凛とした美しさ、
乙女のしとやかさ

出回り時期

カンガルーポー アニゴザントス

Kangaroo-paw

ユニークな形や起毛した質感がアレンジに個性をプラス

長く伸びた花茎(かけい)の先につく花は、細かい毛に覆われたビロードのような質感が特徴的。先端が6つに分かれる様がカンガルーの前足によく似ていることから、この花名がついたといいます。「アニゴザントス」とも呼ばれます。

もともとオーストラリア南西部にしか自生していなかった花ですが、最近は国産も出回るようになりました。交配種も多く、たくさんの花色が登場しています。

- つぼみがふっくらしたものを選ぶ
- 花と茎はビロード状の短い毛に覆われている

Data

植物分類：
ハエモドルム科
アニゴザントス属
原産地：
オーストラリア
和名：——
開花期：4〜6月
流通サイズ：
50〜80cm 程度
花の大きさ：小輪
価格帯：
200〜400円

花言葉
不思議、驚き、分別

出回り時期
（月）

Arrange memo

日もち：1〜2週間
水揚げ：水切り、湯揚げ
注意点：水が下がったときは湯揚げする
相性のいい花材：
リューカデンドロン (P.166)
ワレモコウ (P.174)

ドライフラワー

アレンジ実例

大小のグラスを重ねて花留めにするアイデア。上に乗せたのはスカビオサ・ファンタジー

カンパニュラ

Bellflower, Canterbury-bells

ぷっくりとした釣鐘型の花がかわいらしく清楚な印象

カンパニュラとは、ラテン語で「小さな鐘」の意味。その名のとおり、釣鐘型の花が咲きます。

多くの品種がありますが、切り花として多く出回るのが、愛らしい花を鈴なりに咲かせるタイプ。一本丸ごと使うよりも、短めに切り分けたり花だけ切ったりして、かわいらしさを引き立てて。花のすぐ下につく葉を取り除くと、花の輪郭が美しく際立ちます。

花びらの縁までみずみずしいものを選ぶ

葉は腐りやすいので、水に浸かる部分は取り除く

Arrange memo

- **日もち**：3〜5日
- **水揚げ**：水切り
- **注意点**：茎が折れやすいので扱いに気をつける。吸い上げが早いので水をまめに補充する
- **相性のいい花材**：
  - アスチルベ (P.20)
  - ブルーレースフラワー (P.142)

アレンジ実例

一輪ずつ切った花だけを、浅い四角い花器に並べてアレンジ。白い花を一輪アクセントに

Data

- **植物分類**：キキョウ科カンパニュラ属
- **原産地**：ヨーロッパ、日本、アジア
- **和名**：釣鐘草（ツリガネソウ）、風鈴草（フウリンソウ）、乙女桔梗（オトメキキョウ）
- **開花期**：5〜7月
- **流通サイズ**：60cm〜1m程度
- **花の大きさ**：小・中輪
- **価格帯**：200〜300円
- **花言葉**：感謝、誠実
- **出回り時期**

キキョウ

Balloon flower

秋の七草のひとつで、清楚な星型の花はいかにも和花といった雰囲気を備えています。歴史的にも「古今和歌集」や「源氏物語」などに登場するほか、家紋として古くから用いられてきた花です。一種生けやかごに少量を挿して飾ると、はかなげな和の雰囲気に。開いた花をいくつか寄せて目立たせると、華やかな洋風のアレンジにも生かせます。

星型の花は和の風情たっぷり。アレンジ次第で洋風にも

・つぼみが風船のようにふくらむ

・茎や葉の切り口から白い汁が出るのでよく洗い流す

Arrange memo

日もち：3〜5日
水揚げ：湯揚げ
注意点：水揚げがよくないので切り花延命剤などを使う
相性のいい花材：
オミナエシ（P.39）
ススキ（P.83）

押し花

Data

植物分類：
キキョウ科キキョウ属
原産地：
日本、中国、朝鮮半島
和名：
桔梗（キキョウ）
開花期：6〜8月
流通サイズ：
40cm〜1m程度
花の大きさ：中輪
価格帯：
150〜300円
花言葉
変わらぬ愛、誠実
出回り時期

キク

Mum

国内の切り花生産量第1位。
仏花のイメージを覆す
おしゃれな
タイプも登場

花は上を向いて咲く

菊といえば仏花のイメージが強かったのはひと昔前の話。最近では、ヨーロッパなどで品種改良された洋菊を中心にさまざまな花型のタイプが出回り、アレンジやブーケなどにも使われています。お祝いごとに使うのはかまいませんが、お見舞いには気にする人もいるので避けたほうが無難です。

アレンジするときは、短めにカットして、花の面がよく見えるようにすると洋風のイメージが強くなります。清々しい独特の香りがあります。

中央の部分が堅く締まっているものを選ぶと長もちする

Arrange memo

日もち：5〜7日
水揚げ：水折り
注意点：ハサミの刃が直接触れるのを嫌うので、水揚げは水の中で茎を手で折り切る
相性のいい花材：
シンビジウム（P.79）
ユリ（P.160）

葉の表側と裏側。茎に左右交互につく

セイオペラピンク

花よりも葉のほうが先に枯れるので適度に間引いて

Data

植物分類：
キク科キク属
原産地：
中国
和名：
菊（キク）
開花期：9〜11月
流通サイズ：
30cm〜1m程度
花の大きさ：
小・中・大輪
価格帯：
100〜500円

花言葉
高貴、高潔、清浄、思慮深い、わずかな愛

出回り時期

キク品種カタログ

こちらも「アナスタシア」シリーズの「ピンク」。色が違うと印象も違う

キクのイメージを一新した「アナスタシア」シリーズの「ブロンズ」

細い花びらが立ち上がるように咲く「アナスタシアディーライム」

ポンポン咲きで白いボールのような「スーパーピンポン」

ポンポン咲きの「ピアジェイエロー」。明るい黄色が元気な印象

びっしり花びらが詰まってダリアのように咲く真紅の「ビロード」

ベージュがかったニュアンスカラーのキクも人気。「セイオペラベージュ」

アレンジ実例

ポンポン咲きのキクを短く切り、真鍮の花器の口いっぱいに生けるとオリエンタルな雰囲気に

キバナコスモス

Orange cosmos, Yellow cosmos

コスモスの仲間で黄色系の花色が特徴。盛夏から出回る

二重か三重で半八重咲きの花が咲く

葉の切れ込みが普通のコスモスより少ない

コスモスの仲間ですが、黄色やオレンジ色などの花をつけます。原産地はメキシコですが、品種改良は日本で進み、赤い花が咲く「サンセット」という園芸品種は日本で産出され、コンクールで金賞を獲得しました。

一般的なコスモスに比べると葉の切れ込みが少なく、草丈も短め。花期も長く、盛夏から出回ります。

Arrange memo

日もち：5～10日
水揚げ：水切り、湯揚げ
注意点：水替えと切り戻しをまめに行うと長もちする
相性のいい花材：
オミナエシ（P.39）
ワレモコウ（P.174）

押し花

Data

植物分類：キク科コスモス属
原産地：メキシコ
和名：黄花コスモス（キバナコスモス）
開花期：7～10月
流通サイズ：30cm～1m程度
花の大きさ：中輪
価格帯：150～300円

花言葉
野生美、幼い恋心

出回り時期

ギリア

Globe gilia, Bird's-eyes

ゆるやかにカーブしながら伸びる茎に、くす玉のような青紫色のかわいい花をつけます。よく見ると、星型の小花が50〜100輪ほど集まって球状になっています。野に咲く花のようなひかえめな姿がナチュラルな印象です。

多く出回るのは「ギリア・レプタンサ」と、ひと回り小さな花をつける「ギリア・カピタータ」。「トリコロール」という黒紫色の花芯をもつ品種もあります。

Data

植物分類：
ハナシノブ科
ギリア属
原産地：
北アメリカ、
南アメリカ
和名：
玉咲姫花忍
(タマザキヒメ
ハナシノブ)、
姫花忍
(ヒメハナシノブ)
開花期：6〜7月
流通サイズ：
30〜80cm 程度
花の大きさ：小輪
価格帯：
150〜300円
花言葉
気まぐれな恋、
ここに来て、
心に降るわが涙
出回り時期

Arrange memo

日もち：3〜5日
水揚げ：水切り
注意点：茎が折れやすいので扱いはていねいに
相性のいい花材：
スイートピー (P.80)
ニゲラ (P.114)

|アレンジ実例|

グリーンや緑色の実ものなどと合わせてナチュラルに。白い花器にアレンジ

小花が集まって球状に咲く

茎の先端につく真ん丸の花がかわいい！野草のようにナチュラル

葉には羽状に細かい切れ込みが入っている

ギリア・レプタンサ

キルタンサス

Fire lily, Ifafa lily

まっすぐ伸びる茎の先に、細長い筒状や漏斗状の花が集まって咲きます。花のひとつひとつはひかえめな印象ですが、落ち着いた気品が漂います。ほのかに香る、フルーツのような甘い香りも特長。ブーケに入れてプレゼントすると喜ばれます。

根元から出る葉は、出回る際には取り除かれていることがほとんど。アレンジする際は、さまざまな方向につく花の向きを生かして動きを出しましょう。

細長い筒状に咲く形のおもしろさに注目 フルーツのような香りも特長。

・花は茎の先に横向きや下向きにいくつもつく

・茎は空洞でやわらかい

・細長い筒状の先端が6枚の花弁に分かれて漏斗状に開く

Arrange memo

日もち：3〜5日
水揚げ：水切り
注意点：茎がやわらかく腐りやすいので水の量は少なめに
相性のいい花材：
スイートピー（P.80）
ブプレウルム（P.138）

Data

植物分類：ヒガンバナ科キルタンサス属
原産地：南アフリカ
和名：角笛草（ツノブエソウ）
開花期：3〜4月
流通サイズ：30〜40cm程度
花の大きさ：小輪
価格帯：150〜200円

花言葉
隠れた魅力、屈折した魅力、恥ずかしがり屋

出回り時期

キンギョソウ スナップドラゴン

Snapdragon, Common snapdragon

金魚の姿を思わせるボリューム感のある花はカラーバリエーションが豊富

金魚のようにぷっくりとした花を、穂状に数多く咲かせます。花の形が竜の口に見えることから、「スナップドラゴン」(かみつく竜)とも呼ばれます。花色が豊富で、鮮やかなビタミンカラーや優しいパステル調のもの、ワインレッドなどシックな色合いのものも。品種改良が進み、一重咲きのほかに八重咲き、変わり咲きなど、形も多彩です。

花が密についたものを選ぶ

茎が長いものは大きなアレンジにもOK

Arrange memo

- 日もち：5～10日
- 水揚げ：水切り、湯揚げ
- 注意点：終わった花を摘み取るとつぼみまで咲く
- 相性のいい花材：
  - **バラ**（P.120）
  - **ブプレウルム**（P.138）

アレンジ実例

キンギョソウの花目をギュッと集めて花器の口元に入れ、長めのブプレウルムで動きを出して

桃仙

バタフライピンク

バタフライホワイト

バタフライイエロー

Data

- 植物分類：ゴマノハグサ科アンティリヌム属
- 原産地：地中海沿岸
- 和名：金魚草（キンギョソウ）
- 開花期：4～6月
- 流通サイズ：15cm～1m程度
- 花の大きさ：小輪
- 価格帯：150～300円
- 花言葉：予知、図々しい、清純な心
- 出回り時期

クジャクソウ

Frost aster

株全体に広がる
可憐な小花が
アレンジの名脇役に

菊の花に似た可憐な小花が、枝分かれした茎いっぱいに咲きます。その花姿が羽を広げた孔雀に似ていることから、クジャクソウの名がつけられました。白色がポピュラーですが、ピンクやブルー、紫色なども。どんな花とも相性がよく、フィラーフラワーとしてアレンジにボリューム感を加えたいときなどにも重宝します。

枯れた花をまめに摘むとつぼみも咲く

細かい葉を整理すると、花型のかわいらしさが際立つ

Arrange memo

日もち：3〜5日
水揚げ：水切り
注意点：湿気が多いと花がしぼみやすいので乾燥した場所に飾る
相性のいい花材
スプレーマム（P.91）
ユリ（P.160）

押し花

▶アレンジ実例

途中から折れたり、整理して落としたりした小枝をガラスの花器に入れて。楚々とした花の風情が楽しめる

Data

植物分類：キク科アスター属
原産地：北アメリカ
和名：白孔雀（シロクジャク）
開花期：8〜11月
流通サイズ：60cm〜1.5m 程度
花の大きさ：小輪
価格帯：150〜300円

花言葉
ひとめぼれ、可憐、ご機嫌、天真爛漫、想像力豊か

出回り時期
（月）

グラジオラス

Corn flag, Sword lily

近年、人気急上昇！アレンジ全体の華やかさをアップ

昔から夏の花壇では定番の花。切り花としての人気は今ひとつだったのに、近年、ウエディングなどの華やかなシーンでも脚光を浴びるようになりました。透け感が美しい花びらがひらひらと茎に連なり、豊かな表情を演出します。

夏咲きのゴージャスな大輪タイプも根強い人気ですが、品種改良により小ぶりな春咲きタイプも登場。花色も豊富で、アレンジの幅が広がりました。長いまま使ってもいいし、花だけをカットしてもいいし、花だけを切り離してアレンジするのもいいでしょう。

Data

植物分類：
アヤメ科
グラジオラス属

原産地：
地中海沿岸、
西アジア、アフリカ

和名：
唐菖蒲
（トウショウブ）、
阿蘭陀菖蒲
（オランダショウブ）

開花期：
春咲き3〜5月、
夏咲き6〜11月

流通サイズ：
60cm〜1m程度

花の大きさ：
中・大輪

価格帯：
200〜400円

花言葉
ありきたりでない愛、勝利、密会、用心、賢固、情熱的な恋、たゆまぬ努力

出回り時期

Arrange memo

日もち：3〜10日
水揚げ：水切り
注意点：花びらが傷つきやすいのでていねいに扱う
相性のいい花材：
トルコギキョウ（P.107）
ユリ（P.160）

アレンジ実例

グラジオラスは長いまま使う以外に、短く切り分けてこんもりとアレンジする方法も

つぼみでは色がわかりにくいので、咲き始めたものを選ぶ

水を少なめにすると開花を遅らせることができる

プリンセスサマーイエロー

ケリー

ジェシカ

クラスペディア

Gold sticks, Drum sticks

ゴールデンスティック ドラムスティック

ドライフラワーにも向く ころんと真ん丸の 黄色い花

木琴のバチのようなユニークな形と、鮮やかな黄色が目を引く花。「ゴールデンスティック」「ドラムスティック」など、いろいろな名前で親しまれています。切り花として出回る際は、葉は取り除かれているものがほとんどで。花の色や形を生かしてアレンジを。

花びらをもたないため日もちしやすい点も特長。水切れしても色が変わりにくいので、ドライフラワーにも向いています。

花粉が落ちていないものを選ぶ

花は湿気に弱いので濡らさないように

実物大！

Arrange memo

日もち：1〜2週間
水揚げ：水切り
注意点：花は湿気に弱く、水がかかると変色しやすいので注意する。開花後は花粉が落ちやすいので服などにつかないように気をつける
相性のいい花材：
ガーベラ (P.45)
ミスカンサス (P.234)

Data

植物分類：キク科クラスペディア属
原産地：オーストラリア、ニュージーランド
和名：——
開花期：6〜9月
流通サイズ：60cm〜1m程度
花の大きさ：小輪
価格帯：150〜300円
花言葉：永遠の幸福、心の扉を開く、エネルギッシュ
出回り時期

グリーンベル
Bladder campion

フウリンカ

ベルのようにふくらんで、薄緑色の実のように見えるのは、袋状のガク。風鈴のようにも見えるため、別名を「風鈴花（フウリンカ）」とも。細い茎にぶら下がり、ゆらゆらと揺れる姿が軽やかです。ガクの先につく小花も可憐。優しい色合いなので、アレンジの中に埋もれさせないよう、茎を長めにして目立たせるなどの工夫を。

緑色の鈴のような形が軽やかで愛らしい。茎を長めにアレンジして

ベルのような形のガクは花が終わったあとも残る

花が終わり、ガクがしぼんだものから取り除くと長もちする

袋状のガクがふくらんできて、その先に花弁が5枚の花が咲く

Data
- 植物分類：ナデシコ科シレネ属
- 原産地：地中海沿岸
- 和名：風鈴花（フウリンカ）
- 開花期：6〜7月
- 流通サイズ：60〜80cm程度
- 花の大きさ：中輪
- 価格帯：150〜300円
- 花言葉：いつわりの愛
- 出回り時期

Arrange memo
- 日もち：5〜10日
- 水揚げ：水切り
- 注意点：茎を長めにアレンジして花が揺れる姿を生かす
- 相性のいい花材：
  - **スカビオサ**（P.82）
  - **ヤグルマギク**（P.159）

押し花

クリスマスブッシュ

New South Wales, Christmas Bush

南半球に位置するオーストラリアで、真夏のクリスマスの訪れを告げる植物です。赤い花のように見える部分はガク。花は白い星型をしていますが小さくて目立たず、花が散ったあとにガクが赤く色づいて花びらのようになります。

切り花として輸入されるものは、冬のクリスマスシーズンに出回ります。

ガクが白くなる「ホワイトクリスマスブッシュ」という品種も。

水揚げが悪いとガクが黒ずんで汚く見えるので注意

ガクが黒ずんでいないものを選び、枝分けして使う

赤い5枚の花弁状のものはガク。中心の黄色い部分が花

真っ赤なガクが華やか。深緑色の葉とのコントラストも美しい

葉は3枚1組でつき、周囲に細かい切れ込みが入っている

Arrange memo

日もち：1週間程度
水揚げ：水切り
注意点：水揚げが悪いと黒ずむ。蒸れに弱いので風通しのよい場所に置く
相性のいい花材：
バラ（P.120）
ラナンキュラス（P.164）

Data

植物分類：
クノニア科
ケラトペタラム属
原産地：
オーストラリア
和名：——
開花期：11～1月
流通サイズ：
60～80cm 程度
花の大きさ：小輪
価格帯：
350～500円

花言葉
気品、清楚

出回り時期

クリスマスローズ
Christmas rose

寒い季節から開花。落ち着いた色合いと可憐な表情が人気

シックな花色とうつむき加減に咲く姿が、可憐な印象。花のように見えるのは、花びらではなくガクです。

クリスマスの時期に咲くバラ（ローズ）に似た花ということからこの名前がつきましたが、日本では春咲きのもののほうが多く出回ります。

最近は品種改良によって、上向きに咲くタイプや鮮やかな花色のものも登場。アレンジする際は、花の顔が見える向きを考えるといいでしょう。

花が終わるとそのままドライフラワーになる

水揚げが悪いので頻繁に切り戻す

八重咲きのタイプ

花に斑が多く入るタイプ

Data
- 植物分類：キンポウゲ科 ヘレボルス属
- 原産地：ヨーロッパ、地中海沿岸
- 和名：寒芍薬（カンシャクヤク）
- 開花期：12〜4月
- 流通サイズ：30〜50cm 程度
- 花の大きさ：中輪
- 価格帯：150〜400円
- 花言葉：追憶、私を忘れないで、私の心配をやわらげて、慰め、スキャンダル
- 出回り時期：12・1・2・3・4月（月）

アレンジ実例
白とグリーンでまとめたさわやかなアレンジ。枝を丸めて入れたアイビーがアクセント

Arrange memo
- 日もち：1週間程度
- 水揚げ：水切り、燃焼
- 注意点：水が下がりやすいのでまめに切り戻す
- 相性のいい花材：
  - フリージア（P.140）
  - アイビー（P.218）

押し花 / ドライフラワー

クルクマ

Hidden lily

夏のブーケやアレンジに。グリーンとしても使える緑色タイプも

ショウガ科の植物で、夏らしいトロピカルな雰囲気が漂います。花びらが重なった花のように見えるものは、花ではなく苞（ほう）で、苞と苞の間に隠れるように、小花が咲きます。

アレンジする際は、まっすぐ伸びた茎のラインや個性的な苞を強調すると効果的です。よく出回るピンク系のほか、白や緑色、ミニサイズのものも人気。緑色のものはグリーンのようにしても使えて便利です。

花びらではなく苞

苞と苞の間に小花が咲く

小型のミニクルクマ

エメラルドパゴタ

ホワイト

水揚げは比較的よく、日もちもする

チェンマイ

Arrange memo

日もち：1週間程度
水揚げ：水切り
注意点：まめに水を替えると長もちする
相性のいい花材：
アンスリウム（P.31）
ダリア（P.95）

Data

植物分類：ショウガ科クルクマ属
原産地：熱帯アジア
和名：春鬱金（ハルウコン）
開花期：6～10月
流通サイズ：20～30cm程度
花の大きさ：中・大輪
価格帯：150～300円
花言葉：あなたの姿に酔いしれる、因縁、忍耐
出回り時期

（月）

64

グロリオサ

Gloriosa lily, Glory lily, Flame lily

グロリオーサリリー

グロリオサはラテン語で「見事な」という意味。その言葉どおり、花の大きさや鮮やかな色彩、躍動感のある花びらなどが人目を引く個性的な花です。

炎のように鮮やかな赤系がポピュラーですが、黄色やオレンジ色、ピンクのタイプも。咲き始めは黄色でしだいに赤に変化するタイプもあります。

葉の先からヒゲが伸びて周囲に巻きつこうとする性質があるため、引っ張ってヒゲを切ってしまわないように。ブーケや会場装花にも向きます。

躍動感ある花びらが豪華な存在感を演出。会場装花にも向く花

しっかり水揚げすればつぼみも咲く

ライム

パールホワイト

花びらが折れやすいので扱いに注意して

ロスチャイルド

Data

植物分類：ユリ科グロリオサ属
原産地：アフリカ、南アジア
和名：狐百合（キツネユリ）、百合車（ユリグルマ）
開花期：6～7月
流通サイズ：50～80cm 程度
花の大きさ：中輪
価格帯：300～800円
花言葉：栄光に満ちた世界、華麗、華美

出回り時期

Arrange memo

日もち：1週間程度
水揚げ：水切り、燃焼
注意点：花びらが折れやすいのでていねいに扱う
相性のいい花材：
バラ（P.120）
ヒマワリ（P.132）

アレンジ実例

真夏の太陽を思わせるような、オレンジ色や黄色の花を集めて。中央の緑色の花もグロリオサ

ケイトウ

Cockscomb, Wool flower

園芸用として長く愛されてきた花ですが、最近は切り花としても人気。花色も豊富になり、さまざまなアレンジに重宝します。花形や大きさも多様。ベルベットのような質感の球状の花が密に重なってベルベットのような質感のトサカゲイトウ系や、それが鶏のとさかのような形になるトサカゲイトウ系、房状に花をつけるフサゲイトウ系、穂状のヤリゲイトウ系に大別されます。アマランサス（23ページ）はヤリゲイトウ系の一種です。

花はカビが生えやすいので水がかからないように

ベルベットのような質感の花が鶏のトサカのようにつく

温かみのある独特な質感が人気。個性的なアレンジにも

羽毛ケイトウ
（フサゲイトウ系）

ボンベイグリーン
（トサカゲイトウ系）

ボンベイレッド
（トサカゲイトウ系）

アレンジ実例

Arrange memo

日もち：5〜7日
水揚げ：水切り
注意点：花は濡れたり湿けたりするとカビが生えやすいので注意する
相性のいい花材：
ダリア (P.95)
バラ (P.120)

ドライフラワー

クラシックなイメージの花器にケイトウとダリアを生けて。葉は少なめにして花の面を見せる

Data

植物分類：
ヒユ科ケイトウ属
原産地：
熱帯アジア、インド
和名：
鶏頭（ケイトウ）、鶏冠花（ケイカンカ）、韓藍（カラアイ）
開花期：7〜10月
流通サイズ：
30〜80cm程度
花の大きさ：
中・大輪
価格帯：
100〜400円

花言葉
おしゃれ、色あせぬ恋、博愛、奇妙、気取り屋

出回り時期

ケマンソウ タイツリソウ

Bleeding heart

ハート型の愛らしい花。一列に並ぶかわいらしさをアレンジに生かして

ケマンソウの名は、花の形が仏具の華鬘(けまん)に似ていることからつきました。吊り上げられた鯛にも似ているため、別名「タイツリソウ」とも呼ばれます。

花はハート型のつぼみから下部が裂けて咲き、細長い茎にぶら下がるように、行儀よく一列に並びます。その愛らしいラインは、和洋どちらのアレンジにも。西洋では花をハートに見立て、イースターの飾りに使うこともあります。

つぼみの時はハート型

開花するとハートの下部が裂ける

有毒成分を含むので、乳幼児の誤飲などに注意

茎や葉は多汁質。みずみずしいものを選んで

Data

植物分類：
ケシ科ケマンソウ属

原産地：
東アジア、北アメリカ

和名：
鯛釣草（タイツリソウ）、
藤牡丹（フジボタン）、
瓔珞牡丹（ヨウラクボタン）

開花期：4〜5月

流通サイズ：
30〜80cm 程度

花の大きさ：小輪

価格帯：
300〜400円

花言葉
失恋、あなたについて行きます

出回り時期
(月) 12 1 2 11 3 10 4 9 5 8 7 6

Arrange memo

日もち：5〜6日
水揚げ：水切り、燃焼
注意点：葉や茎の切り口から白い汁が出るので扱いに注意する
相性のいい花材：
スモークグラス (P.226)
ベアグラス (P.233)

押し花

コスモス
Cosmos

日本の秋を代表する花としてなじみ深い存在ですが、原産地はメキシコ。日本には明治時代に渡来したといわれています。ナチュラルな茎のラインを生かしても素敵です。代表的な一重咲きのほか、最近は八重咲きやストロー咲きのタイプなども登場。花色もバリエーションが増えています。アレンジする際は、傷みやすい葉をできるだけ取り除き、花の形を目立たせて、風になびいているようなナチュラルな茎のラインを生かしても素敵です。

秋を彩る代表的な花。ストロー咲きタイプなどニューフェイスも続々と登場

Arrange memo
日もち：5〜10日
水揚げ：水切り、湯揚げ
注意点：傷みやすい葉をできるだけ取り除き、水替えと切り戻しをまめに行うと長もちする
相性のいい花材：
フジバカマ (P.136)
ワレモコウ (P.174)

押し花

水替えと切り戻しをまめにすると長もちする

茎が細く締まったものを選ぶ

ピコティ

Data
植物分類：キク科コスモス属
原産地：アメリカ、メキシコ
和名：秋桜（アキザクラ）、大春車菊（オオハルシャギク）
開花期：9〜10月
流通サイズ：80cm〜1m程度
花の大きさ：中輪
価格帯：150〜400円

花言葉
少女の純潔、乙女の真心

出回り時期

イエローガーデン

シーシェル

アレンジ実例

清楚な雰囲気の白いコスモスを数輪、白い
水差しにさりげなく入れて

外側の花びらは
長くて内側は短
い半八重咲き

ダブルクリック

コチョウラン ファレノプシス

Moth orchid

その名のとおり、チョウが舞っているかのような優美な花姿から、お祝いごとなどの贈り物としてのニーズが高い花。高級花ですが、花もちがいいので切り花でも長く楽しめます。

清楚な白のほか、かわいらしい印象のピンクやクリーム色、シックな褐色、クールなライムグリーンなど、カラーバリエーションが豊富。アレンジに取り入れやすいミニタイプも登場しています。

Arrange memo

- 日もち：10〜14日
- 水揚げ：湯揚げ
- 注意点：室温12℃以上の暖かい場所に置く
- 相性のいい花材：
  - **グラジオラス**（P.59）
  - **ニューサイラン**（P.230）

押し花

気品漂う優美な花姿がギフトに好まれる。豊富な色やサイズも登場

- 花びらに厚みと張りがあるものを選ぶ
- 水揚げをしっかりすると花もちもいい
- 切り花延命剤などを使うとつぼみも咲きやすい

セーヌ / モモ / タンゴ / アマビリス

Data

- 植物分類：ラン科ファレノプシス属
- 原産地：東南アジア、南アジア、台湾、オーストラリア
- 和名：胡蝶蘭（コチョウラン）
- 開花期：4〜6月
- 流通サイズ：40〜80cm程度
- 花の大きさ：大輪
- 価格帯：500〜1,500円

花言葉

清純、あなたを愛します、華やかさ、幸福が飛んでくる

出回り時期

サンダーソニア

Chinese lantern lily, Christmas-bells

鈴のような形の花と葉の先端の巻きひげがチャーミング

風が吹くと、今にも"チリン"と音が聞こえてきそうな、鈴のような形の花が特長です。原産地の南アフリカでは、12月頃に花が咲くことから「クリスマス・ベル」という別名も。また、提灯のような花の形状から「チャイニーズランタン」とも呼ばれます。

1本の花茎に7～10輪のオレンジ色の花がつきます。葉先には巻きひげがあり、アレンジをする際には、ほかの花の支えとしても役立ちます。

葉先がくるんと巻いてひげが伸びる

鈴や提灯のような形の花は下から順に咲く

茎のしっかりしたものを選んで

Arrange memo

日もち：7～10日
水揚げ：水切り
注意点：咲き終わった花から摘み取ると、上の花も咲く
相性のいい花材：
グロリオサ (P.65)
バルビネラ (P.128)

押し花　ドライフラワー

アレンジ実例

1本を短めに切り分け、浅めの花器にまとめて入れる。小さな灯がともったよう

Data

植物分類：
ユリ科
サンダーソニア属
原産地：
南アフリカ
和名：
提灯百合
（チョウチンユリ）
開花期：6～7月
流通サイズ：
30～80cm程度
花の大きさ：中輪
価格帯：
200～400円
花言葉
望郷、共感、祝福、祈り、純粋な愛、福音、愛嬌
出回り時期

シキミア スキミア

Skimmia

江戸時代末期、日本原産のシキミをシーボルトがオランダに持ち帰り、品種改良の末、普及した植物です。

赤いタイプはクリスマスリースにも使われます。

丸く小さなつぼみはまるで実のよう。切り花ではつぼみの状態で出回り、あまり花は咲きません。アレンジでは、メインの花を引き立てる名脇役。葉は肉厚で緑色も濃く、存在感があるので、整理してから生けると花が引き立ちます。

粒々の小さなつぼみが実もののよう。
赤いタイプはクリスマスのアレンジにも

たくさんのつぼみは小さな実のように見える

光沢のある大きな葉は存在感が強い

アレンジ実例

赤と緑色のシキミアを合わせて、たっぷりとアレンジ。花器を白にするとすっきりまとまる

Arrange memo

日もち：7〜10日
水揚げ：水切り、深水
注意点：水揚げが悪いと花が垂れるので、水切り後は深水にしばらく浸けておく
相性のいい花材：
アマリリス（P.24）
アスパラガス（P.218）ドライフラワー

Data

植物分類：
ミカン科シキミア属
原産地：
日本
和名：
深山樒
（ミヤマシキミ）
開花期：4〜5月
流通サイズ：
20cm程度
花の大きさ：小輪
価格帯：
200〜400円

花言葉
清純

出回り時期

シクラメン
Cyclamen

最近は切り花も出回る冬の鉢花の代表格。印象的なアレンジに

冬の鉢花として贈答品の印象が強いシクラメンですが、最近は切り花もミックス束で出回っています。また、独特の模様のある葉も流通しています。

花びらがフリル状になっていたり、花の色が複色だったりとさまざまで、まとめて使うと華やかに仕上がります。洋花と合わせてクリスマスアレンジにしてもいいし、和の雰囲気を生かしてお正月のアレンジに使うのもおすすめです。

赤、ピンク、紫色、白などの花がミックスで出回ることが多い

花びらがフリル状になっているものも人気

Data
- 植物分類：サクラソウ科シクラメン属
- 原産地：地中海地方
- 和名：篝火草（カガリビバナ）
- 開花期：11〜4月
- 流通サイズ：20cm程度
- 花の大きさ：中・大輪
- 価格帯：ミックスで300〜500円
- 花言葉：絆、はにかみ、内気、遠慮がち、疑いを持つ、嫉妬
- 出回り時期：11〜12月

花とは別に葉も出回る
シクラメンは花だけで出回るが、最近は葉脈の模様や緑色の濃淡が個性的な葉も花とは別にグリーンとして出回る

アレンジ実例
ガラスの小さな花器をいくつか並べ、シクラメンの花と葉をバランスを見ながら入れる

Arrange memo
- 日もち：1〜2週間
- 水揚げ：水切り
- 注意点：涼しい場所に飾ると長もちする
- 相性のいい花材：
  - バラの実（P.209）
  - シロタエギク（P.225）

シャクヤク

Chinese peony,Common garden peony

つぼみから大輪へとダイナミックに変化する姿にも注目

昔から、「立てば芍薬（しゃくやく）、座れば牡丹（ぼたん）」といわれ、女性の美しさを形容する花として知られています。

一重咲きや八重咲き、ピンクのほかにも赤や白、めずらしい黄色系など種類も豊富。写真はバラ咲きの「滝の粧（たきのしょう）」で流通量が多く、人気が高い品種のひとつです。

存在感があるので一輪挿しにしても様になるし、和洋どちらの雰囲気のアレンジにも合います。つぼみの状態で飾って、大輪へと変化していく姿を楽しみましょう。

つぼみから咲きかけ、満開と、表情がドラマチックに変化する

花びらが何重にも重なって咲く

Arrange memo

日もち：4〜5日
水揚げ：水切り、燃焼
注意点：硬いつぼみについた糊状の蜜を水洗いすると咲きやすくなる

相性のいい花材
オーニソガラム (P.38)
オクラレルカ (P.221)

アレンジ実例

横長のガラスの花器に生けた大きなシャクヤクは、花の周囲に葉をまとめて束ねている

葉が多すぎる場合は整理してから生けると長もちする

Data

植物分類：
ボタン科ボタン属
原産地：
中国、モンゴル、朝鮮半島北部
和名：
芍薬（シャクヤク）
開花期：5〜6月
流通サイズ：
40cm〜1m程度
花の大きさ：大輪
価格帯：
200〜600円

花言葉
はにかみ、内気、生まれながらの質素

出回り時期

シュウメイギク

Japanese anemone

キクという名がついていますが、アネモネの仲間です。中国から渡来し、野生化したものが京都の貴船山（きぶねやま）周辺に多く見られることから、「貴船菊」の和名もあります。

楚々とした佇まいの一重咲きは、秋の茶花（茶室に生ける花）や鉢物としても好まれます。ひょろひょろと伸びる茎のラインや先端の愛らしいつぼみがアレンジにリズムを出します。優しいイメージを生かしましょう。

ひょろひょろとした細い茎が目を引く花。茶花としても人気

- 細い茎の先につく玉のようなつぼみが愛らしい
- 花は散りやすいので扱いに注意して

Data

植物分類：
キンポウゲ科
アネモネ属
原産地：
中国
和名：
秋明菊（シュウメイギク）、貴船菊（キフネギク）
開花期：9〜10月
流通サイズ：
60cm〜1.2m程度
花の大きさ：中輪
価格帯：
150〜300円

花言葉
薄れゆく愛、忍耐

出回り時期
10月中心（8〜12月）（月）

Arrange memo

日もち：5〜7日
水揚げ：湯揚げ、燃焼
注意点：風にあたると水が下がりやすいので、置き場所に注意する
相性のいい花材：
フジバカマ（P.136）
リンドウ（P.168）

押し花

シュッコンスイートピー

Sweet pea

サマースイートピー

スタンダードなスイートピーより野性味にあふれ、元気な印象が魅力

多年草で夏咲きのシュッコンスイートピーは、別名「サマースイートピー」とも呼ばれます。文字通り甘い香りがするのも特長です。

茎は長く、葉や巻きひげがついた野趣あふれる姿も特長です。「門出」という花言葉と白い花色から、ウエディングブーケにもよく使われおり、ちょっと洋蘭特有のチョウの形をしており、マメ科特有のチョウの形をしています。

巻きひげがついているものも多い

ひらひらとした丸みのある花びらはチョウのよう

長くて丈夫な茎はブーケにもぴったり

Arrange memo

日もち：3〜7日
水揚げ：水切り
注意点：ひげの先端が切れないようていねいに扱う
相性のいい花材：
センニチコウ (P.93)
マーガレット (P.151)

押し花

アレンジ実例

切り分けたシュッコンスイートピーにマーガレットを合わせて、横に広がるアレンジに

Data

植物分類：マメ科ラティルス属
原産地：地中海沿岸
和名：宿根スイートピー（シュッコンスイートピー）、広葉連理草（ヒロハレンリソウ）
開花期：6月
流通サイズ：30〜50cm 程度
花の大きさ：中輪
価格帯：150〜300円

花言葉
門出、ほのかな喜び、優美、優しい思い出、青春の喜び、微妙

出回り時期

12 1
11 2
10 3
9 4
8 5
7 6
(月)

シレネ

Garden catchfly

コマチソウ、ムシトリナデシコ

シレネには数多くの種類があり、61ページの「グリーンベル」もシレネの仲間です。しかし、花屋さんで「シレネ」という名前で売られているのは、ほとんどが写真の花。日本でも「コマチソウ」や、風に揺れる草花風の雰囲気がもち味。ナチュラルなアレンジやブーケなどに似合います。

「コマチソウ」という名で古くから親しまれてきました。「ムシトリナデシコ」は虫がとまると茎の粘液で動けなくなるため「ムシトリナデシコ」。

茎の先端に小さな花が集まって咲く

花屋さんで「シレネ」といえばこの花。野草風のアレンジが似合う

花の下や節下の茎から粘液が出る

Data
植物分類：
ナデシコ科シレネ属
原産地：
ヨーロッパ中南部
和名：
小町草（コマチソウ）、
虫捕撫子（ムシトリナデシコ）
開花期：5〜7月
流通サイズ：
30〜40cm程度
花の大きさ：小輪
価格帯：
150〜200円

花言葉
青春の愛、未練、しつこさ、裏切り、罠、あざむかれた人

出回り時期

Arrange memo

日もち：5〜7日
水揚げ：水切り
注意点：花の下や茎から粘液が出てベタベタするので扱いに注意
相性のいい花材：
　イベリス（P.34）
　ベルテッセン（P.147）

押し花

桜小町

ジンジャー

Ginger

薬味でおなじみのショウガの仲間。葉はつやつやで細長く、大きくひらひらとした華やかな花にはショウガ特有の強い香りがあります。乾燥や風に弱く、葉が丸まってしまうので、そうなった場合は、水切りをして再生させましょう。

南国的な花なので、その特長を生かしたアレンジに。トロピカルな花やグリーンと組み合わせるとおしゃれな雰囲気になります。

いかにも南国を思わせるトロピカルな姿が魅力。花にはショウガを思わせる芳香が

1本の花茎（かけい）に4～10輪の穂状の花がつく

先がとがった形の葉が2列に交互につく

レッドジンジャー

Arrange memo

- 日もち：5～7日
- 水揚げ：水切り
- 注意点：長くて水揚げが難しい場合は、茎を半分程度に切って水揚げを
- 相性のいい花材：
  - **グロリオサ** (P.65)
  - **ヘリコニア** (P.146)

精油

アレンジ実例

立てかけて使う試験管つきの花器2つに、ジンジャーの花と葉をそれぞれ入れ、細いひもをあしらう

Data

- 植物分類：ショウガ科ヘディキウム属
- 原産地：中央アジア、東南アジア
- 和名：縮砂（シュクシャ）
- 開花期：6～11月
- 流通サイズ：60cm～1m程度
- 花の大きさ：大輪
- 価格帯：300～400円程度
- 花言葉：信頼、無駄なこと、豊かな心
- 出回り時期

シンビジウム
Cymbidium

花にはロウ細工のようなツヤがあり、色のバリエーションも豊富。花をはずして水に浮かべても

鉢花のランとして根強い人気があるシンビジウムですが、近年は切り花も人気。この花特有のくすんだ淡い色に加え、赤や茶色などのシックな濃い色や白なども増えて多彩に。花もちがいいので、冠婚葬祭シーンにもぴったりです。茎が垂れ下がるタイプなどは、ウエディングブーケなどにもおすすめです。花を切り離して、水に浮かべるアレンジなども素敵です。

花びらがロウ細工のような質感

室温が上がらない場所に置くと長もちする

ロウ細工のような花弁と濃い色のリップが特徴

Arrange memo
日もち：1カ月程度
水揚げ：水切り
注意点：室温が上がらない場所に置くと長もちする
相性のいい花材：
シキミア（P.72）
タニワタリ（P.227）

アレンジ実例

緑色のシンビジウムは花を一輪ずつ切り離して、シキミアと一緒に白いボウルに

Data
植物分類：
ラン科
シンビジウム属
原産地：
日本、中国、東南アジア、南アジア、オーストラリア
和名：
霓裳蘭
（ゲイショウラン）
開花期：11～3月
流通サイズ：
40～80cm程度
花の大きさ：大輪
価格帯：
1,000～3,000円

花言葉
高貴な美人、飾らない心、素朴

出回り時期

スイートピー
Sweet pea

豊富な花色と風に舞うような個性的な花姿が人気

花色が豊富で透明感があり、フリルのような個性的な花姿をしていることから、春らしい花束やアレンジなどによく使われます。

春咲き、夏咲き、冬咲きの3系統がありますが、もっとも多く出回るのは春咲きです。

「スイート・ピー」＝「甘い豆」という名は、甘い香りとマメ科独特の花の形から。品種改良が進んで花もちがよくなり、花落ちしにくくなりました。

花と花の間で茎を切り分けて使っても

日が経つと花びらが退色して薄くなってくる

アレンジ実例

スイートピー1種だけをたくさん生けるのも美しい。パステルカラーを混ぜてもきれい

Arrange memo

日もち：5〜7日
水揚げ：水切り、湯揚げ
注意点：咲き終わった花から摘み取っていくと長もちする
相性のいい花材：
チューリップ（P.97）
ラナンキュラス（P.164）

押し花

Data
植物分類：
マメ科ラティルス属
原産地：
地中海沿岸
和名：
麝香連理草（ジャコウレンリソウ）、花豌豆（ハナエンドウ）
開花期：3〜5月
流通サイズ：
30cm 程度
花の大きさ：中輪
価格帯：
100〜300円

花言葉
門出、優しい思い出、青春の喜び、微妙、私を覚えていて、繊細、優美、デリケートな喜び

出回り時期

80

スイセン
Narcissus, Daffodil

凛とした佇まいと甘い香りにうっとり。洋風に使っても素敵

学名の「ナルシサス」は、ギリシャ神話に登場する美少年の名前。"ナルシスト"の語源としても有名です。花びらを広げて凛とした姿で咲くスイセンは、ヨーロッパで品種改良が進み、現在は約2万種もあります。「雪中花」の別名を持つ、日本原産の「ニホンズイセン」は、冬に咲く貴重な花で、お正月の生け花としてよく使われています。和風のイメージが強い花ですが、数多くをまとめて茎をラフィアで束ねるなど、洋風に飾っても素敵です。

中央がラッパ型に咲くタイプがポピュラー

Arrange memo
日もち：3〜7日
水揚げ：水切り
注意点：切り口から粘液が出るので、よく洗ってから生ける
相性のいい花材：
アイリス (P.13)
ウンリュウヤナギ (P.178)

押し花

アレンジ実例

スイセンはまっすぐ伸びた茎も美しい花材。ガラスの花器で茎のラインを見せて飾る

切り口から粘液が出るので、よく洗ってから生けて

フォーチュン

Data
植物分類：
ヒガンバナ科スイセン属
原産地：
ヨーロッパ、地中海沿岸
和名：
水仙（スイセン）
開花期：11〜4月
流通サイズ：
20〜40cm程度
花の大きさ：中輪
価格帯：
100〜200円

花言葉
自己愛、自尊心、うぬぼれ、気高さ、愛をもう一度

出回り時期

スカビオサ

Sweet Scabious, Mourning-bride, Egyptian rose

細くてやわらかい茎のラインと、小さな花が集まって咲く存在感のあるエレガントな花が特長です。
花色は淡いパステルカラーを中心に豊富。花後に残るガクも魅力的で、「スカビオサ・ファンタジー」と呼ばれ、花材として用いられるほどです。
約80種類あるスカビオサ属の中でも、最近はビロードのような光沢があってシックな花色のものなど、個性的なタイプの人気が高まっています。

美しいラインの茎に存在感のある花が魅力的

花が重く向きを変えやすいので、ほかの花材などで固定して

Arrange memo

日もち：3〜5日
水揚げ：水切り、湯揚げ
注意点：湿気や蒸れに弱いので、葉を整理してから生ける
相性のいい花材：
トルコギキョウ（P.107）
バラ（P.120）

アレンジ実例

シックな花色のスカビオサミックスと赤い実を束ね、ハランでくるくる巻いて、ガラスの花器に

スカビオサ・ファンタジー

水が下がったら新聞紙で包み湯揚げを

チリブラック

シックな花色のミックス

Data

植物分類：
マツムシソウ科
スカビオサ属
原産地：
西ヨーロッパ、
西アジア
和名：
西洋松虫草
（セイヨウマツムシソウ）
開花期：6〜11月
流通サイズ：
1m程度
花の大きさ：小輪
価格帯：
100〜250円

花言葉
風情、愛を失った、
敏感、
無からの出発

出回り時期

ススキ
Eulalia

十五夜の月見に大活躍！自然な姿を生かして秋らしさを演出

アレンジに加えるだけで、ぐっと秋らしい雰囲気になるススキ。十五夜の月見にも欠かせない花材です。秋の野に咲く草花と組み合わせて飾りましょう。

日本の野山に自生していますが、園芸品種も豊富。写真の「タカノハススキ」はその葉の美しさが人気です。葉に白っぽい斑（ふ）が入っている姿が鷹の羽に似ていることから、この名前がつきました。

→ 花穂は枯れると綿毛のようになる

→ 硬い葉で手を切らないよう注意して

タカノハススキ

Arrange memo
- 日もち：5〜7日
- 水揚げ：水切り、深水
- 注意点：葉は乾燥しやすいので、生ける前に深水に浸けておく
- 相性のいい花材：
  キキョウ（P.51）
  リンドウ（P.168）

ドライフラワー

アレンジ実例

たっぷりのススキと白いリンドウをブリキの大きな花器に投げ入れた秋らしいアレンジ

Data
- 植物分類：イネ科ススキ属
- 原産地：日本、中国、朝鮮半島
- 和名：薄、芒（ススキ）、尾花（オバナ）
- 開花期：8〜11月
- 流通サイズ：1〜1.2m程度
- 花の大きさ：小輪（穂全体は大）
- 価格帯：150〜250円
- 花言葉：活力、精力、心が通じる、隠退
- 出回り時期：8〜11（月）

スターチス リモニウム

Statice, Sea lavender

花びらに見えるのは苞。ブラシのような姿が愛らしい

花のように見える部分は、実は苞です。さわると茎も含めてカサカサした感触で、生花のうちからまるでドライフラワーのよう。苞がブラシのように並ぶ昔ながらのタイプのほか、小花をつけた細い茎が細かく枝分かれするするタイプもあります。赤やピンク、紫色など鮮やかな花が多いですが、最近は茶色がかったシックな色も人気です。水揚げがよく、花もちもいいので、花が少ない夏季には重宝しましょう。

庭でも簡単にドライフラワーになります。独特の匂いがあるので、使いすぎには注意しましょう。

さわるとカサカサした感触

花には独特の匂いがある

Arrange memo

日もち：2週間程度
水揚げ：水切り
注意点：独特の匂いがあるので使いすぎに注意
相性のいい花材：
　トルコギキョウ（P.107）
　ユリ（P.160）

ドライフラワー

Data

植物分類：
イソマツ科
リモニウム属
原産地：
ヨーロッパ、
地中海沿岸
和名：
花浜匙
（ハナハマサジ）
開花期：6〜7月
流通サイズ：
30〜80cm程度
花の大きさ：小輪
価格帯：
100〜300円

花言葉
私は永遠に変わらない、変わらぬ愛、永久不変

出回り時期

スターチス品種カタログ

細かく枝分かれするタイプ。小さな花が全体に散っていて、枝分けして使いやすい

キノブラン

細い茎が枝分かれしている人気のタイプ。ピンクの小花が甘やかなアレンジに向く

サマーローズ

ストック

Brampton stock, Common stock

「ストック」は英語名で、「しっかりとした茎」という意味ですが、意外にも折れやすいので扱いに注意。アレンジしやすいスプレータイプや一重咲きなどもあります。パステルトーンの花が集まって咲き、春の到来を感じさせます。甘い香りも特長です。

大きな花束に向く八重咲きのタイプのほか、アレンジしやすいスプレータイプや一重咲きなどもあります。歴史は長く、ギリシャ時代には薬草としても栽培されていました。

太い茎に優しい色合いの花が密集して咲く

花と花の間隔が開いていないものを選んで

茎や花首は太くても折れやすいので扱いに注意

ホワイトカルテット（スプレー咲き）

Arrange memo

- **日もち**：5〜7日
- **水揚げ**：水切り、湯揚げ
- **注意点**：茎が折れやすいのでていねいに扱う
- **相性のいい花材**：
  - カーネーション（P.41）
  - チューリップ（P.97）

Data

- 植物分類：アブラナ科マッティオラ属
- 原産地：南ヨーロッパ
- 和名：紫羅蘭花（アラセイトウ）
- 開花期：2〜4月
- 流通サイズ：30〜80cm 程度
- 花の大きさ：中輪
- 価格帯：200〜400円

花言葉
永遠の美しさ、求愛、永遠に続く愛の絆、豊かな愛、愛の結合

出回り時期

ストック品種カタログ

ローズアイアン

マリンアイアン

アプリコットアイアン

パープルアイアン

チェリーアイアン

ホワイトアイアン

ピンクアイアン（一重）

一重咲きは花弁が4枚。八重咲きの花よりも全体に華奢でアレンジしやすい

アレンジ実例

ストックとカーネーション、アスターを中心に集めて生け、大きなクッカバラの葉で広がりを

ストレリチア

Bird-of-paradise, Crane flower

鳥のような花姿と
エキゾチックな雰囲気。
お正月の花としても人気

南国生まれの花にふさわしく、個性的なフォルムをしています。広げた鳥の姿に似ていることから、和名は「極楽鳥花」といい、その華やかな姿と縁起のいい名前から、お正月の花としても人気です。同じような南国生まれの花やグリーンと合わせてアレンジすると素敵。花びらの外側はオレンジ色、内側は青紫色と、夕闇がせまる夕焼け空のようなエキゾチックな色合いも魅力的。また、花の形が翼を

花びらの外側はオレンジ色

花びらの内側は青紫色

太い茎は丈夫で折れにくい

Arrange memo

日もち：10～12日
水揚げ：水切り
注意点：寒さに弱いので暖かい室内に飾ること
相性のいい花材：
グロリオサ（P.65）
ヘリコニア（P.146）

Data

植物分類：
バショウ科
ストレリチア属
原産地：
南アフリカ
和名：
極楽鳥花
（ゴクラクチョウカ）
開花期：通年
流通サイズ：
80cm～1.5m程度
花の大きさ：大輪
価格帯：
300～600円

花言葉
寛容、気取った恋、おしゃれな恋

出回り時期

88

ストロベリーキャンドル

Crimson clover

「ストロベリーキャンドル」という名前は、赤い花穂がイチゴの果実やローソクの炎を連想させるところからつきました。シロツメグサの花を縦に長くしたような白い花穂もあります。野の花のような素朴な姿を生かして、ナチュラルにアレンジしましょう。

茎が光に向かってカーブして伸びます。そのラインの先で揺れる花穂がアレンジに動きを出します。茎は、新聞紙などにくるんで湯揚げすることでまっすぐにもできます。

イチゴの実やローソクの炎を思わせる赤い花穂がアレンジに動きを出す

小さな花が集まって5〜8cmの花穂に。下から順に咲いていく

赤い花穂がイチゴの実やローソクの炎を思わせる

葉は水が下がりやすいので元気がない場合は整理して

Data

植物分類：
マメ科
トリフォリウム属
原産地：
ヨーロッパ
和名：
紅花詰草
（ベニバナツメクサ）
開花期：5〜7月
流通サイズ：
40〜60cm程度
花の大きさ：小輪
価格帯：
150〜300円

花言葉
私を思い出して、人知れぬ恋、胸に灯がともる、素朴なかわいらしさ

出回り時期
（月）

アレンジ実例

ストロベリーキャンドルの花を生かすため、合わせたのはグリーン花材のヘリクリサム

Arrange memo

日もち：5〜7日
水揚げ：水切り
注意点：葉は水が下がりやすいので生ける前に整理して
相性のいい花材：

マーガレット (P.151)
ブルースター (P.141)

押し花

スノーボール ビバーナム

Arrowwood

正式には「ビバーナム・スノーボール」といいますが、花屋さんでは単に「スノーボール」と呼ばれることが多い花。スノーボールという名前も、花が咲ききった姿が雪の玉のように見えることからついたのでしょう。さわやかな色合いは、組み合わせる花を選ばず、アレンジを明るく仕上げてくれます。

アジサイ状の花をつけます。咲き始めは黄緑色をしていますが、時間が経つにつれて、だんだん白く変化していきます。小花がたくさん集まって、アジサイを小さくしたような球

花色は黄緑色から白へと変化。枝先にまとまって咲く

水が下がりやすいので根元には割りを入れて

黄緑色から白へと花色が徐々に変化。初夏らしいさわやかなアレンジに

Data

植物分類：スイカズラ科カマズミ属
原産地：東アジア、ヨーロッパ
和名：西洋手毬肝木（セイヨウテマリカンボク）
開花期：4～5月
流通サイズ：60cm～1m程度
花の大きさ：小輪
価格帯：500～1,500円
花言葉：茶目っ気、大きな期待、私だけを見て
出回り時期

アレンジ実例

Arrange memo

日もち：5～7日
水揚げ：水切り、根元割り
注意点：根元に割りを入れると水揚げがよくなる
相性のいい花材：
白やグリーンの花 カラー (P.48)

ガラスの花器にスノーボール1種類だけを大きく生け、手前の花器にはブルースターを

スプレーマム

Florist's chrysanthemum

供花のイメージが一新。
明るいパステルカラーの
花がどんどん登場

数多くの品種があり、日本では供花のイメージが強かった菊ですが、ヨーロッパやアメリカで品種改良が進み、最近では、明るいピンクややさわやかな緑色など、パステルカラーでスプレー咲きの西洋菊が人気です。

花型は、一重咲き、八重咲き、ストロー咲き、カーネーション咲き、ポンポン咲きなどさまざま。花が多すぎる場合は、少し間引いてから、アレンジしましょう。

キク独特のすがすがしい香りがする

Arrange memo

日もち：10～14日
水揚げ：水折り
注意点：刃ものを嫌うので、水揚げは水の中で茎を折るだけでOK
相性のいい花材：
マリーゴールド（P.153）
ユリ（P.160）

葉が先に枯れるので、あらかじめ整理しておいて

アネシーオレンジ

ロリポップ

Data

植物分類：
キク科キク属
原産地：
ヨーロッパ、アメリカ、中国
和名：
スプレー菊
（スプレーギク）
開花期：9～11月
流通サイズ：
30cm～1m程度
花の大きさ：中輪
価格帯：
100～300円
花言葉
真実、高貴、高潔、女性の愛情

出回り時期

セルリア ブラッシングブライド
Blushing-bride

白く透明感のある花びらが幾重にも重なって見えるのは、実は苞（ほう）です。花の外側は、さわるとしっかりとした硬さがありますが、中はふわふわとしたさわり心地です。

時間が経つにつれて、クリーム色の苞の中央が、ピンクに染まってきて、その変化も楽しみのひとつです。英名をブラッシングブライド（頬を染めた花嫁）というのも納得。もちろん、ブライダルフラワーとしても人気があります。

透明感のある花姿からブライダルフラワーとしても人気

花が咲くにつれて、中央がピンクに染まってくる

葉がしっかりしたものが長もちする

Arrange memo

日もち：5〜7日
水揚げ：水切り、湯揚げ
注意点：水が下がりやすいので、しっかり水揚げしてから生ける
相性のいい花材：
ブバルディア（P.137）
ウーリーブッシュ（P.220）

ドライフラワー

Data

植物分類：
ヤマモガシ科
セルリア属
原産地：
南アフリカ
和名：──
開花期：4〜6月
流通サイズ：
30〜40cm程度
花の大きさ：大輪
価格帯：
300〜500円

花言葉
ほのかな思慕、
可憐な心、
優れた知識

出回り時期

センニチコウ
Globe amaranth

細く伸びた茎の先についた
ころんと丸い花がキュート！
カジュアルなアレンジに

細く長い茎の先に、小花が集ってイチゴの実のように咲く姿が、かわいらしい。花色はピンクの濃淡のバリエーションが豊富です。アレンジに入れるとアクセントになります。和名は「千日紅」と書きますが、長い期間赤い花色を楽しめることに由来しています。

はキュートな花姿と明るい色が人気。カジュアルなブーケやアレンジに入れるとアクセントになります。和名は「千日紅（せんにちこう）」と書きますが、長い期間赤い花色を楽しめることに由来しています。かつては供花の印象が強かったのですが、品種改良が進み、今で

花首が垂れやすいのでしっかり水揚げを

実物大！

ころんと丸い花が茎の先につく。小花が集って咲く

Arrange memo
日もち：7～10日
水揚げ：水切り
注意点：ドライフラワーにする時は、花がポロポロ落ちる前に乾燥させるといい
相性のいい花材：
マトリカリア（P.152）
シュガーバイン（P.224）

ドライフラワー

アレンジ実例

さりげないアレンジが向いている花。シュガーバインとガラスの保存びんに

Data
植物分類：
ヒユ科
センニチコウ属
原産地：
熱帯アメリカ、
南アジア
和名：
千日紅
（センニチコウ）
開花期：6～10月
流通サイズ：
30～50cm程度
花の大きさ：小輪
価格帯：
100～200円

花言葉
不朽、変わらぬ愛情、不変の愛、安全、終わりのない友情

出回り時期
（月）

ソリダゴ

Goldenrod, Woundwort

「アキノキリンソウ」や「アワダチソウ」と呼ばれることもある秋の花。以前はよく「ソリダスター」も多く出回っていましたが、最近はあまり見かけなくなりました。

茎の上部が細かく枝分かれし、そこに黄色の小花が咲きます。やアレンジなどのすき間を埋める脇役として重宝します。切り分けると使いやすく、どんな花とも合わせやすいのが特長。ブーケや生けましょう。日もちしない葉はあらかじめ整理してから

元気が出る黄色の小花はアレンジの名脇役！枝分けして使って

小さな黄色の花は和風のイメージ

日もちしない葉は水切りの前に整理しておくこと

Arrange memo

日もち：5〜7日
水揚げ：水切り
注意点：風にあてると水が下がりやすいので注意する
相性のいい花材：
ヒマワリ（P.132）
ユリ（P.160）

アレンジ実例

自然素材で編んだかごの中にびんを入れ、片側に寄せてソリダゴを生ける

Data

植物分類：
キク科ソリダゴ属
原産地：
北アメリカ
和名：
大泡立草
（オオアワダチソウ）
開花期：7〜10月
流通サイズ：
50cm〜1m程度
花の大きさ：小輪
価格帯：
150〜300円
花言葉
用心、警戒、予防、私に振り向いて
出回り時期

ダリア Dahlia

昔からある花ですが、近年一躍、切り花としての人気が急上昇。赤黒いシックな花色の「黒蝶」という品種がダリアブームの火つけ役になりました。洋風でいてどこか東洋的、ノスタルジックでありながらモダンな佇まいが人気の秘密。

次々と新しい品種が登場し、幅広の舌状の花びらが重なって咲くタイプから球状のボール咲きやポンポン咲き、一重咲きなど、色も咲き方も多種多様です。大輪のものには圧倒的な存在感があります。

もっともダリアらしい咲き方は、幅広の舌状の花びらがたくさん重なって咲くタイプ

個性的な赤黒い花がブームの火つけ役に。次々と新品種が登場！

茎は空洞で折れやすいので扱いに注意

黒蝶

Arrange memo

日もち：5〜7日
水揚げ：水切り、湯揚げ
注意点：花びらと葉は傷みやすく、茎は折れやすいので、扱いはていねいに
相性のいい花材：
キク（P.52）
ケイトウ（P.66）

華やかで存在感のある花なので、一輪だけ飾っても様になる。ガラスのティーカップに

Data

植物分類：
キク科ダリア属
原産地：
メキシコ、グアテマラ
和名：
天竺牡丹
（テンジクボタン）
開花期：5〜11月
流通サイズ：
30cm〜1.2m程度
花の大きさ：
中・大輪
価格帯：
200〜500円

花言葉
華麗、優雅、移り気、威厳

出回り時期
（月）

🌸 品種カタログに続く

ダリア品種カタログ

花びらの端が内側に巻いてボール状に咲く「ラララ」

幅広の舌状の花びらがたっぷり重なる華やかな「熱唱」

赤黒いシックな色の花が個性的で茎が太い「黒い稲妻」

花びらの先端がねじれて咲く「ブリストラストライク」

96

チューリップ
Tulip

花の名前に疎い男性や子どもでも、真っ先に思い浮かぶ花といえばチューリップかもしれません。毎年、新しい品種が次々と登場し、冬の寒い時期から花屋さんの店先をにぎわします。

一重咲き、八重咲き、ユリ咲き、パーロット咲き、フリンジ咲きなど、花型は変化に富み、花色も豊富。どんなアレンジにも向きますが、光や温度によって、開いたり閉じたりを繰り返し、イメージががらりと変わります。チューリップだけを1種、あるいは種類を混ぜて、ガラスの花器などに生けても素敵です。

クリスマス前後から花屋さんの店先を彩る春の球根花の代表選手

飾っている間にも茎がどんどん伸びる

光や温度によって花びらを開いたり閉じたり、花の向きを変えたりする

花びらが開くにつれて、中の黒っぽいおしべが見えてくる

葉は茎を包み込むようにしてついている

Data

植物分類: ユリ科チューリップ属
原産地: 小アジア、北アフリカ
和名: 鬱金香（ウッコンコウ）
開花期: 3〜4月
流通サイズ: 20〜50cm 程度
花の大きさ: 中・大輪
価格帯: 200〜500円

花言葉
博愛、名声、恋の告白、失恋、片思い、望みなき愛、思いやり

出回り時期

Arrange memo

日もち: 5日程度
水揚げ: 水切り
注意点: 暖房に弱いので涼しい場所に飾る
相性のいい花材:
スイートピー (P.80)
フリージア (P.140)

品種カタログに続く

97

チューリップ品種カタログ

開ききるとシャクヤクのように迫力がある八重咲きの「モンテオレンジ」

花びらの表面がツヤツヤしている「ピンクダイヤモンド」

花びらの先にギザギザの切れ込みが入るフリンジ咲きの「ベルソング」

白から淡いピンク、黄緑色のグラデーションが美しい「アンジェリク」

こちらもオレンジ色のユリ咲きで、香りもよくて人気の「バレリーナ」

とがった花びらが開くとユリに似ている、ユリ咲きの「フライアウェイ」

ピンクと白のコンビネーションが美しいユリ咲きの「バラード」

ピンクにうっすら黄緑色のグラデーションが入った「クリスマスドリーム」

八重咲きの白いチューリップはウエディングブーケにも。「モンディアル」

98

花は大きくないが、黒に近い濃い紫色が個性的な「クイーンオブナイト」

オレンジ色から黄色にかけてのグラデーションが特徴の「ブラッシングレディ」

ふっくら楕円型の一重咲き。少し紫がかったピンクにグラデーションが入る「アリビ」

濃いピンクのユリ咲きの花は愛らしい女性を思わせる「プリティーウーマン」

深みのある美しい赤い花びらが開くと、黒っぽいしべが現れる。「ベンバンザンテン」

|アレンジ実例

黄色と白の一重咲きのチューリップを短く切り、スイートピーと四角い花器にアレンジ

八重のフリンジ咲きで、開くととても華やかな印象になる「チャット」

チューリップ品種カタログ

花びらがオウムの羽のようなパーロット咲きの「フレミングパーロット」

濃いピンクにうっすらと黄緑色が入っている「クリスマスエキゾチック」

花びらの外側が白、内側がピンク。開くと印象がずいぶん変わる「アップピンク」

オレンジ色の一重咲きで、甘い香りが漂う「オレンジモナーク」

オレンジ色の花びらの一部が茎や葉と同じ色をしている個性的な「フルメックス」

花は小輪で、白、ピンク、緑色と、複雑なグラデーションが入る「カーニバルデニオ」

アレンジ実例

花と同じ色の器に、花びらに切れ込みの入る赤いチューリップを。それぞれの花の向きを変えて動きを出して

明るいオレンジ色はブルーの花と組み合わせても。「オレンジクイーン」

なんともいえない微妙な色合いが美しい「クリームアップスター」

チョコレートコスモス

Chocolate cosmos

コスモス（68ページ）の一種ですが、花色が違うとずいぶん雰囲気が変わります。チョコレートを思わせるような赤黒い花色は、大人っぽいシックな花束やアレンジにぴったり。花が小ぶりの原種は、香りまでチョコレートに似ていることもあって、バレンタインデーにも活躍します。細長い花色のラインとシックな花色を生かして、繊細で軽やかなイメージにアレンジしましょう。最近は、赤味が強い品種や黒に近い色の品種など、品種改良も進んでいます。

花色も香りもまるでチョコレートのよう！バレンタインデーにも活躍

花の形は普通のコスモスと同じ。色が異なるだけで雰囲気は大きく違う

すっと細く長い茎のラインを生かして

硬いつぼみは開かないことも

Data

植物分類：
キク科コスモス属
原産地：
メキシコ
和名：
チョコレート秋桜
（チョコレートコスモス）
開花期：5〜11月
流通サイズ：
40〜60cm程度
花の大きさ：中輪
価格帯：
300〜400円
花言葉
恋の思い出
出回り時期

Arrange memo

日もち：5〜7日
水揚げ：水切り、湯揚げ
注意点：硬いつぼみは開かないことが多いので整理してから生ける
相性のいい花材
グリーンベル（P.61）
リキュウソウ（P.236）

アレンジ実例

同じ形の花器を3個並べ、チョコレートコスモスを1〜2本ずつ茎を交差させてアレンジ

ツルバキア

Sweet garlic, Pink agapanthus

線香花火のような花が可憐。
甘い芳香があるので
贈っても喜ばれそう

ユリ科の球根植物、ツルバキアにはいろんな品種がありますが、花材として多く出回っているのは「ツルバキア・フレグランス」という品種。その名のとおり甘くて上品な香りを漂わせ、ブーケやアレンジに入れて贈っても喜ばれます。

細く長い茎の先に、小さな星型の花が10〜30輪ほど。その花姿はまるで、線香花火のようです。アレンジやブーケの脇役として使えば、繊細な雰囲気をプラスできます。

花弁が星型に開く筒状花が茎の先端に数多くつく

茎は手でしごくとカーブさせやすい

Arrange memo

日もち：5〜7日
水揚げ：水切り
注意点：咲き終わった花はまめに摘み取るとつぼみも咲く
相性のいい花材：
ラナンキュラス（P.164）
ミスカンサス（P.234）

横から見たところ。筒状の花が放射状についている

花の先端は、6枚の花弁が星型に開く

Data

植物分類：
ユリ科
ツルバキア属
原産地：
南アフリカ
和名：
瑠璃二文字
（ルリフタモジ）
開花期：3〜4月
流通サイズ：
40〜60cm程度
花の大きさ：小輪
価格帯：
150〜300円

花言葉
落ち着きある魅力、小さな背信、残り香

出回り時期

デルフィニウム
Delphinium

透明感のあるブルー系の花色が魅力。花だけをはずして使っても

太く長い茎に八重咲きの花をびっしりつけるジャイアント・パシフィック系はボリュームがあって、豪華なアレンジにぴったり。細い茎に一重咲きの花をつけるベラドンナ系はエレガントな雰囲気で、どんなアレンジにも。ほかにスプレー状に咲くタイプもあります。

いずれのタイプも、透明感のある鮮やかなブルー系の豊富な花色が特長。ピンク系や、紫色系などのシックな花色も。花をひとつずつ切り離して、水盤に浮かべたりしても涼しげです。

Data
植物分類：
キンポウゲ科
デルフィニウム属
原産地：
ヨーロッパ、
アジア、
北アメリカ、
アフリカ
和名：
大飛燕草
（オオヒエンソウ）
開花期：6〜8月
流通サイズ：
50cm〜1m程度
花の大きさ：中輪
価格帯：
300〜800円
花言葉
清明、高貴、慈悲、傲慢、浮薄、移り気
出回り時期
(月) 1〜12

Arrange memo
日もち：5〜7日
水揚げ：水切り
注意点：咲き終わった花を摘み取ると長もちする
相性のいい花材：
ブルーレースフラワー (P.142)
リキュウソウ (P.236)

押し花

アレンジ実例
デルフィニウムに合わせるグリーンは、リキュウソウのような明るい色がおすすめ

時間が経つと花びらが透けてくる

咲きそうもないつぼみはカットする

葉は整理してからアレンジするといい

フォルカフレーデン
（ベラドンナ系）

◀ 品種カタログに続く

デルフィニウム品種カタログ

ジャイアント・パシフィック系は、長い茎に八重咲きの花がゴージャスにつく

スプレー咲きの「パールブルー」。この花ならではの透明感のある水色が美しい

スプレー咲きの「シュガーピンク」は花も茎も繊細な印象。枝分けして使う

デンファレ
Denphalae

流通量第1位のラン。
水揚げや花もちがよく
ウェディングにも重宝する

数あるランの中でも価格が手頃、花のサイズも大きすぎなくて使いやすいのも魅力です。水揚げや花もちもよく、家庭でも、咲き終わった花を摘み取りながら長く楽しめます。南国風のグリーンと組み合わせて、オリエンタルなアレンジにしても。白い品種はウェディングにも大活躍。そのほかの冠婚葬祭のシーンでもフォーマルな印象を与えてくれます。

花は下から順に咲く。咲き終わった花は摘み取ると先端のつぼみまで咲きやすい

ビッグホワイト

ソニア

Data
植物分類：
ラン科
デンドロビウム属
原産地：
チモール諸島
和名：──
開花期：8〜9月
流通サイズ：
40〜70cm程度
花の大きさ：中輪
価格帯：
150〜500円

花言葉
お似合い、有能、誘惑に負けない、わがままな美人

出回り時期
(月)

アレンジ実例

花を一輪ずつ切り離して、トクサやレザーファンと黒い花器にアレンジ。オリエンタルな雰囲気に

Arrange memo
日もち：7〜10日
水揚げ：水切り
注意点：咲き終わった花は摘み取ると、つぼみまで咲きやすい
相性のいい花材：

カラー (P.48)
トクサ (P.228)

トラノオ

Speed well

ベロニカ、クガイソウ

ブルーや白の花穂が涼しげ。ナチュラルでさわやかな夏らしいアレンジに

花穂はゆるやかにカーブ。小さな花が下から順に咲く

花茎の先に虎の尾を思わせるような10〜20cmの花穂をつけます。夏の野原で、花穂が風に揺れているようすをイメージさせるナチュラルな雰囲気の草花。同じ系統の草花と組み合わせてかごなどに生けると、野原の一角を切り取ったような印象になります。和風にも生けられます。ブーケに入れても、動きが出てきれいです。秋になって花が終わると、葉が美しく紅葉し、茶花としても用いられます。

Arrange memo

日もち：5日程度
水揚げ：水切り、湯揚げ
注意点：水が下がってきたらまめに切り戻す
相性のいい花材：
ルリタマアザミ（P.170）
ワレモコウ（P.174）

楕円型の葉は周囲に切れ込みがある

Data

植物分類：
ゴマノハグサ科
ベロニカ属
原産地：
東アジア
和名：
瑠璃虎尾
（ルリトラノオ）
開花期：6〜8月
流通サイズ：
40cm〜1m程度
花の大きさ：小輪
（花穂としては大）
価格帯：
200〜300円

花言葉

達成、信頼、誠実、あなたに私の心を捧げます

出回り時期

12 1 2 3 4 5 6 7 8 9 10 11 (月)

トルコギキョウ　リシアンサス
Prairie gentian

日本で品種改良が進み、数多くの種類が1年中出回っています。花色が豊富で、ひらひらした花びらが愛らしく、バラ咲きやフリンジ咲きなどの華やかな品種が多いのも魅力。そのうえ、水揚げや花もちもよく、価格も手ごろとくれば、人気が高いのもうなずけます。ほとんどがスプレー咲きで出回り、切り分けて使うとアレンジにボリュームも出せます。花茎が途中でカットされているのは、咲きそうもないつぼみをあらかじめ取り除いているためです。

Data
- **植物分類**：リンドウ科ユーストマ属
- **原産地**：北アメリカ
- **和名**：トルコ桔梗（トルコギキョウ）
- **開花期**：6〜8月
- **流通サイズ**：20〜90cm程度
- **花の大きさ**：中輪
- **価格帯**：150〜800円
- **花言葉**：優美、希望、楽しい語らい、すがすがしい美
- **出回り時期**：（通年）

Arrange memo
- **日もち**：5日程度
- **水揚げ**：水切り
- **注意点**：葉の根元が折れやすいので、扱いはていねいに
- **相性のいい花材**：
  - **バラ**（P.120）
  - **ブプレウルム**（P.138）

アレンジ実例
さまざまな色のトルコギキョウをギュッと集めて束ね、かごの中の小さな花器に生けて

つぼみもキュート。花色がついたつぼみはほとんどが咲く

開花するにつれてしべが見えてくる

一番外側の花びらにシワがないものを選ぶと鮮度が高い

アレンジのお助け花材！多彩な色と種類が魅力でつぼみもよく咲く

ソフトクリームのような巻きが入るつぼみ

あらかじめ脇枝がカットされていることも多い

エクレア

🌸 品種カタログに続く

トルコギキョウ品種カタログ

八重咲きの白い花をたくさんつける「ユキボタン」

優しいラベンダー色でバラのように咲く「シルクラベンダー」

花びらに細かい切れ込みが入った八重咲きの「ムースグリーン」

明るいクリーム色の「ボヤージュイエロー」

アプリコット色の花びらが人気の「ムースアプリコット」

華やかな花はアレンジの主役に。「ムースティアラピンク」

近年、大人気のトルコギキョウといえば「クラリスピンク」

豪華なカーネーションのような咲き方の「ムースマンゴー」

トルコギキョウ品種カタログ

つぼみが開くと色が濃くなる「カルメンルージュ」

白と紫色の複色が美しい「マホロバブルーフラッシュ」

白とラベンダー色の複色「マホロバラベンダー」

アレンジ実例

緑色のトルコギキョウをアスターやスイートピーなどの白い花と合わせてアレンジ

花びらの表裏で色が違う「アンバーダブルマロン」　　　　　咲くとグリーンから白へ。「ピッコローサグリーン」

花びらの内側がシックなワイン色の「ダブルワイン」　　　　ゴージャスな八重咲きの「ムースブルー」

ナデシコ ダイアンサス

Pink

色名の「ピンク」はこの花から!?
可憐な花の顔が見える
アレンジを心がけて

ナデシコの英名は「Pink」。ピンクという色名は、この花の色から来ているのだとか。確かに、カーネーションを一重咲きにしたようなピンクの可憐な小花が印象的です。もっとも花色は豊富で、赤や黄色、紫色なども。花びらがなくてガクだけの「テマリソウ」と

いう品種も出回っていて、グリーン花材としても活躍しています。上を向いて咲くものが多いので、アレンジするときはできるだけ、花の顔が見えるようにすると、愛らしさを強調できます。

終わった花はまめに摘み取るとつぼみが次々に咲く

テマリソウ

ピンク〜白のグラデーションが入った花びら

茎の節でポキンと折れやすいので注意して

ソネットイエス

Arrange memo

日もち：5日程度
水揚げ：水切り
注意点：茎の節が折れやすいので、ていねいに扱う
相性のいい花材：
カーネーション（P.41）
ブバルディア（P.137）

押し花

Data

植物分類：
ナデシコ科
ナデシコ属
原産地：
ヨーロッパ、
アジア、アフリカ
和名：
撫子（ナデシコ）
開花期：5〜7月
流通サイズ：
20〜80cm程度
花の大きさ：
中輪
価格帯：
150〜300円

花言葉
貞節、純粋な愛、
才能、思慕

出回り時期
（月）

ナノハナ
Field mustard

ナバナ、ハナナ

いち早く春の訪れを告げる花。ひな祭りにはモモと飾るのが定番

花の黄色と葉の緑色のコントラストが美しい春の花。花屋さんなどでこの花を見かけると、外はまだ寒くても春が近づいていることを感じます。

3月3日のひな祭りには、ピンクのモモと一緒に飾るのが定番。鮮やかな色が春らしい組み合わせです。

茎が太く、葉が密についたタイプが切り花として出回ります。花を生かすため、葉は生ける前に少し整理しておきましょう。

花はつぼみがついたものを選ぶと長もちする

葉の緑色が濃いものが新鮮

Arrange memo

日もち：5日程度
水揚げ：水切り
注意点：花は太陽のほうを向き、時間が経つと茎が伸びるので、適宜、調整を
相性のいい花材：
　フリージア（P.140）
　モモ（P.196）

アレンジ実例

土っぽい質感の花器に入れると、地面からそのままの姿で生えているようにナチュラル

Data

植物分類：
アブラナ科アブラナ属
原産地：
東アジア、ヨーロッパ
和名：
菜花（ナバナ）、花菜（ハナナ）
開花期：2〜4月
流通サイズ：
30cm〜1.2m程度
花の大きさ：小輪
価格帯：
150〜300円
花言葉
活発、快活、豊かさ、財産
出回り時期

ニゲラ
Fennel flower, Love-in-a-mist

花びらのように見えるのは、実はガク。糸状に切れ込みのある苞に包まれ、独特の雰囲気がある花です。羽状に細かく切れ込んだ葉もソフトな印象で、全体も楚々としたはかなげな風情をかもし出しています。

水揚げや花もちもいいのでアレンジには使いやすいのが特長。単品をガラスの花器などにふわっと入れるのも涼しげです。花が終わったあとは、ふくらんで球状になる実も楽しめます。

はかなげな雰囲気の草花。ソフトな印象の葉も上手に生かして

花びらに見えるがガク

水に浸かる葉は取り除いてから生ける

切り花は八重咲きの品種が主流。ガクがパラパラと落ちやすいので注意して

Arrange memo
日もち：5〜7日
水揚げ：水切り
注意点：小さなつぼみは咲かないので、摘み取ってから生ける
相性のいい花材：
バラ（P.120）
ミント（P.235）

ドライフラワー

Data
植物分類：
キンポウゲ科
クロタネソウ属
原産地：
ヨーロッパ、
西アジア
和名：
黒種草
（クロタネソウ）
開花期：5〜6月
流通サイズ：
40〜80cm程度
花の大きさ：中輪
価格帯：
200〜400円

花言葉
夢の中の恋、未来、ひそやかな喜び、当惑

出回り時期

(月)

114

ネリネ ダイヤモンドリリー

Nerine, Diamond lily

細くて丈夫な花茎の先に、8〜10輪ほどの花を咲かせます。くるっとカールした花びらに光沢があってキラキラする種類は「ダイヤモンドリリー」の別名も。花びらが細くて小ぶりな花をつける品種やヒガンバナに似た赤い品種なども出回っています。

水揚げも花もちもよく、手間をかけずに長く楽しめるのも魅力。薄紙のような茶色のガクを取り除いてから生けると花がきれいに見えるのでおすすめです。どの花とも合いますが、単品で使っても素敵。

Data

植物分類：
ヒガンバナ科 ネリネ属
原産地：
南アフリカ
和名：
姫彼岸花（ヒメヒガンバナ）
開花期： 9〜11月
流通サイズ：
20〜50cm 程度
花の大きさ： 中輪
価格帯：
300〜400円

花言葉
また会う日まで、幸せな思い出、かわいい、輝き、箱入り娘、忍耐

出回り時期

（月）

細い花茎の先に花びらがカールした花を複数個つける

花びらは折れやすいので扱いに注意

カールした花びらがキュート。茶色のガクを取り除くと花がきれいに見える

花びらやおしべが繊細なタイプ

▎アレンジ実例

ネリネ2本は高低をつけて生け、花器の口元にアンスリウムの葉とニューサイランを

Arrange memo

日もち： 5〜7日
水揚げ： 水切り
注意点： 花びらが折れやすいので、扱いはていねいに
相性のいい花材：
スカビオサ （P.82）
アンスリウムの葉 （P.31）

バーゼリア

Berzelia

クリスマスを中心に出回る
丸い実のような花。
長もちするのも魅力

クリスマスが近づくと、花屋さんの店先に並びます。枝の先に丸い実がたくさんついているように見えますが、実は、これが花。水がかかると黒ずんでしまうので、注意して扱いましょう。

花に近い位置にある細かい葉は取り除いてからアレンジの低い位置に入れると、花の丸い形や色が強調できます。色も大きさもいろいろな種類が出回るので、用途によって使い分けましょう。

直径5mm～2cmの球状の花。つぼみの時は緑色だが、咲くと色が変わる

杉に似た短い針状の葉

花の拡大。小さい花が無数についている

Arrange memo

日もち：10〜14日
水揚げ：水切り、根元割り
注意点：花に水がかかると黒ずむので注意する
相性のいい花材：
フランネルフラワー (P.139)
クジャクヒバ (P.180)

アレンジ実例

ヒバやフランネルフラワーなどと一緒に、こんもりとしたシックなアレンジに

Data

植物分類：ブルニア科バーゼリア属
原産地：南アフリカ
和名：――
開花期：周年
流通サイズ：50〜60cm程度
花の大きさ：小輪
価格帯：150〜300円

花言葉
情熱、小さな勇気

出回り時期

バイモ バイモユリ

Fritillary

うつむいて咲く花の楚々とした姿を生かしたナチュラルなアレンジに

花びらの内側が濃い紫色の網目模様、外側は淡い緑色の花がうつむき加減に咲きます。茎は細くて葉先がくるんと巻きひげ状にカールしているのも特徴。楚々として上品な印象の姿は茶花として好まれますが、洋風のアレンジにも合います。ひかえめな花色が生きるように脇役の花材は白や強い色を。ナチュラルな雰囲気のアレンジに。かごや土ものの花器などが似合います。

葉の先端がくるんとカールしていて絡みつきやすい

花びらの内側に濃い紫色の網目模様がある

Data
植物分類：
ユリ科
フリチラリア属
原産地：
中国
和名：
貝母百合
（バイモユリ）、
編笠百合
（アミガサユリ）
開花期：4〜5月
流通サイズ：
30〜80cm 程度
花の大きさ：中輪
価格帯：
300〜400円
花言葉
威厳、謙虚な心、凛とした姿
出回り時期

Arrange memo

日もち：1週間程度
水揚げ：水切り
注意点：特になし
相性のいい花材：
サンダーソニア（P.71）
ユリ（P.160）

パフィオペディラム

Cypripedium, Lady's-slipper

近年、人気急上昇のひときわ個性的なラン。一輪でも存在感大！

白地にグリーンのストライプが美しい

「パフィオペディラム」という名前は、ギリシャ語で「女神の履き物」という意味。確かに、中央の袋状の部分がスリッパに似ています。英語では「レディース・スリッパ」とも呼ばれているランです。写真は、白地に緑色のストライプが美しい「ワーディ」といい、和風のアレンジにも合います。ほかにも赤紫色や白、複色などの品種も出回っていますが、どれも丈が短いわりには花が大きいのが特徴です。

スリッパのような形状の唇弁

花の大きさのわりに茎は短い

花を横から見たところ

ワーディ

Arrange memo

日もち：10〜14日
水揚げ：水切り
注意点：花材数を抑えてアレンジすると引き立つ
相性のいい花材：
オーニソガラム（P.38）
シンビジウム（P.79）

アレンジ実例

同じランの仲間で緑色が美しいシンビジウムや南国風のグリーンと合わせておしゃれに

Data

植物分類：
ラン科
パフィオペディラム属
原産地：
中国、東南アジア
和名：
常盤蘭（トキワラン）
開花期：12〜6月
流通サイズ：
30cm 程度
花の大きさ：大輪
価格帯：
700〜1,500円

花言葉
思慮深さ、
責任感の強い人、
変わりやすい愛情、
気まぐれ、
際立つ個性

出回り時期

118

ハボタン
Flowering cabbage

花の少ない冬の花壇の彩りとして人気の「ハボタン」が、近年、切り花としても出回るように。中心のピンクや白い部分は、キャベツの仲間の葉なのですが、まるで大輪の花のように見えるため、この名前がつきました。園芸種に比べ、茎が長くてアレンジしやすいのが特徴。マツやセンリョウなどと合わせて、お正月のアレンジにも人気です。

花びらのように見えるのは葉

お正月アレンジでも人気！
花が少ない冬場のお助け花材として活躍

園芸種に比べると茎が長くてアレンジしやすい

Data
植物分類：
アブラナ科
アブラナ属
原産地：
ヨーロッパ
和名：
葉牡丹（ハボタン）、
花キャベツ
（ハナキャベツ）
開花期：1～3月
流通サイズ：
20～80cm 程度
花の大きさ：大輪
価格帯：
300～400円
花言葉
祝福、利益
出回り時期

12 1 2
11   3
10   4
9   5
(月) 8 7 6

Arrange memo
日もち：2週間程度
水揚げ：水切り
注意点：茎が見えないよう低くアレンジする
相性のいい花材：
マツ（P.192）
サンキライ（P.203）
センリョウ（P.206）

アレンジ実例

サンキライの赤い実少々とリキュウソウを合わせ、金銀の水引きを飾ってお正月に

バラ

Rose

言わずと知れた「花の女王」。
水揚げをしっかりして
美しい花を長く楽しんで

花びらの付け根にシミ
がないものを選ぶこと

葉の裏側の茎にも
トゲがあるので扱
いに注意する

茎のトゲはつい
たままのほうが
長もちする

キャラメルアンティーク

Data

植物分類：
バラ科バラ属
原産地：
ヨーロッパ、アジア
和名：
薔薇
（バラ・ショウビ）
開花期：5〜11月
流通サイズ：
30cm〜1m程度
花の大きさ：
小・中・大輪
価格帯：
300〜800円

花言葉
情熱、熱烈な恋

出回り時期

世界中でもっとも愛されている花、と言っても過言ではないほど。ナポレオンの時代からすでに始まっていたといわれる品種改良によって、新しい品種が次々と誕生。現在、市場に出回っているものだけでも3万種を超えると言われています。あらゆる花色が揃い、花の大きさも大輪から小花までさまざま。最近は、ころんとしたカップ咲きや中心の花びらがギュッと詰まっているロゼッタ咲きなど、クラシカルなタイプが人気です。

水揚げによって、花もちが大きく変わってきます。水切りでしっかり上がらない場合は湯揚げや燃焼を。茎が長いと水が下がりやすいので、飾っているうちに水が下がったら、思いきって茎を短く切り戻しましょう。

いく重にも重なった花びらの奥にはしべが

葉先までピンとして、みずみずしい緑色の葉が新鮮

アレンジ実例

Arrange memo

日もち：5〜7日
水揚げ：水切り、湯揚げ、燃焼
注意点：トゲで手を傷つけないよう注意する
相性のいい花材：
カラー（P.48）
ユリ（P.160）
ほとんどのグリーン

押し花　ドライフラワー　ポプリ　精油

浅いリング状の花器に長い葉を入れて花留めにして、バラとカラー、アイビーをアレンジ

バラ品種カタログ

大輪の白バラ「アバランシェ」。開くにつれて花びらが外側にカールしていく

緑色がかった白が人気の「ティネケ」。開くと花の中心が高く、大輪になる

カップ咲きの白バラ「ブルゴーニュ」。ウエディングブーケにも人気

外側が淡い緑色で内側がピンクのグラデーションの「オールドダッチ」

外側の花弁が緑色がかったベージュ色の「デザート」

「オートクチュール」。花びらのフリルと緑色がかった白が魅力

咲き始めは濃いベージュ色なのが、咲くとだんだん薄くなる「カフェラテ」

ベージュ系のシックな花色とウェーブのかかった咲き方が人気の「ジュリア」

オレンジ色〜ピンクの複色で、形も愛らしい「ベビーロマンティカ」

明るいピンクが女性らしいバラ「マイガール」。トゲが少ないのも特長

ブライダルの定番品種、ピンクの「タイタニック」。バラらしい芳香も人気

明るいピンクのグラデーションが特長で、人気の大輪バラ「スイートアバランシェ」

ラナンキュラスのように何重にもなった丸い花びらの「レモンラナンキュラ」

大輪のバラ「ピーチアバランシェ」。淡いオレンジ色が美しい

「ジャンヌダルク」は優しい雰囲気のカップ咲き。石鹸のような香りがする

花びらの先に傷がついていないものを選ぶこと

アプリコットオレンジの豪華なフリル咲きが個性的な「ラ・カンパネラ」

鮮やかな黄色が特長の「ゴールドストライク」。開ききった姿も美しい

バラ品種カタログ

古代ギリシャ・ローマ時代から愛されてきた紫色のバラ。「ドラマチックレイン」

ピンクの濃淡グラデーションが特徴的な「ハロウィン」はブライダルでも人気

中輪の新種のバラ「ラベンダーガーデン」。深みのある色はほかにあまりない色

カップ咲き、芳香、濃いピンクが、バラ好きの心をとらえる「イブピアッチェ」

大輪の紫色のバラ「クールウォーター」。花もちがよく、長く楽しめる

花びらのピンクが内側にいくにつれて薄くなる「タージマハル」

| アレンジ実例

四角いトレイに吸水性スポンジをセット。バラやガーベラ、チューリップなどをグループごとにアレンジ

花びらに光沢のあるのが特長。大輪の赤いバラ「サムライ'08」

周囲の花びらは大きく、中心の花びらは詰まって咲く「レッドラナンキュラ」

赤いバラといえばこれ、というほどポピュラーな「ローテローザ」

アレンジ実例

白や淡いピンクのバラを集めて。暗い色の葉ははずし、斑入りのグリーンで軽く

深紅の花弁はビロードのような質感。開くと豪華な「ウォンテッド」

赤黒い色をした「ブラックバッカラ」は個性的なバラとして人気

バラ品種カタログ

愛らしいピンクのスプレーバラは「ローラ」。野草風の花とも合う

丸みを帯びた花型で、濃い赤のスプレーバラ。ブライダルにもよく使われる

白に近い薄いピンクのスプレーバラ「サントワマミー」。中輪で合わせやすい

複色のスプレーバラは「ビューティープリザーブ」。紅白でお祝いにも

つぼみの茶色が開くにつれてピンクに。ミニスプレーバラの「テディベア」

1本の茎が枝分かれして、数個の中輪の花をつける「アンティークレース」

グレイがかった薄い紫色のスプレーバラ「リトルシルバー」。花は長もちする

濃いピンクに緑色がアクセントになっているスプレー咲きの「ラディッシュ」

ナチュラルな緑色の花弁ところんとした愛らしい形が人気の「エクレール」

アレンジ実例

同じバラでも雰囲気が違う、白い大輪「アバランシェ」と小ぶりの「エクレール」を並べて

緑色がかった白い花をたくさんつけるスプレー咲きの「グリーンアイス」

バルビネラ　ブルビネラ

Cat's tail

英名は「猫の尻尾」。
星型の小さな花が
下から順に咲き進む

茎の先端にキャンドルのような穂状の花をつけます。3mmくらいの小さな星型の花が下から順に少しずつ咲き進み、先端まで咲いた頃には、最初に咲いた下の花は枯れるのでまめに取り除いて。鮮やかなオレンジ色や黄色の花は、見る人を元気にしてくれます。茎は適度に曲がっていて、表情が豊か。ラインを生かしてアレンジすると素敵です。生け花にも使われます。

小さな5枚花弁の花が下から順に咲き進む

適度にカーブした茎のラインを生かしたアレンジを

Arrange memo

日もち：1週間程度
水揚げ：水切り
注意点：終わった花から摘み取っていくと、長もちする
相性のいい花材：
チューリップ（P.97）
フリージア（P.140）

Data

植物分類：ユリ科ブルビネラ属
原産地：南アフリカ
和名：——
開花期：11〜3月
流通サイズ：50cm〜1m程度
花の大きさ：中輪
価格帯：200〜400円

花言葉
休息

出回り時期

パンジー Pansy

まだ寒い冬の頃から花壇を明るく彩るパンジー。色とりどりの花をミックスした束が、切り花としても出回っていて人気です。

かわいいフリルとロマンチックな色彩、そして春らしい香りも魅力。そのまま英字新聞やワックスペーパーなどでくるみ、ラフィアなどで束ねたミニブーケにして、さりげなくプレゼントしても喜ばれそうです。

最近は品種改良が進み、光沢のある黒い花や、サイズが30cm以上あるスプレー咲きのタイプなども出回っています。

かわいいフリルとロマンチックな色彩が魅力！ミックスでミニブーケに

花の色が少しずつ違うミックス束で出回ることが多い

茎が細く短いものが多いので、リースアレンジにも向く

Data
- **植物分類**：スミレ科スミレ属
- **原産地**：ヨーロッパ、西アジア
- **和名**：三色菫（サンシキスミレ）
- **開花期**：11～4月
- **流通サイズ**：15～20cm程度
- **花の大きさ**：中輪
- **価格帯**：ミックス束で300～400円
- **花言葉**：純愛、ゆるぎない魂、思慮深い、物思い、誠実

出回り時期：11～4月

アレンジ実例

葉つきの1本を小さなガラスの花器に直立するように入れて、全体の姿を楽しむ

Arrange memo
- **日もち**：3～6日
- **水揚げ**：水切り
- **注意点**：茎がやわらかくて折れやすいので、扱いはていねいに
- **相性のいい花材**：
  アリウム (P.26)
  マーガレット (P.151)

押し花

バンダ

Vanda

「バンダ」という名前は、サンスクリット語の「バンダカ」から来ています。その意味は「まとわりつく」。東南アジアなどでは、高い木にまとわりついて生息することから、そう呼ばれるようになったようです。

様のタイプが切り花としては多く出回っています。ランにはめずらしい青みがかった紫色が人気です。トロピカルなグリーンをあしらって、シンプルで個性的なアレンジを楽しみましょう。

品種はいろいろありますが、紫色の網目模

厚みがある大きな花が連なって咲く

紫色の網目模様が特徴

Arrange memo

日もち：10〜15日
水揚げ：水切り
注意点：咲き終わった花から摘み取ると長もちする
相性のいい花材：
アジサイ（P.16）
スチールグラス（P.225）

アレンジ実例

ガラスの花器の内壁に沿わせるようにスチールグラスを入れ、バンダを一輪、水に浮かべる

花弁が細長く、花が少し小ぶりなタイプ

ランにはめずらしい花色と網目模様が人気！南国風のアレンジに

Data

植物分類：
ラン科バンダ属
原産地：
熱帯アジア、オーストラリア
和名：
翡翠蘭
（ヒスイラン）
開花期：6〜7月
流通サイズ：
15cm〜1m程度
花の大きさ：
中・大輪
価格帯：
300〜500円

花言葉
優雅、上品な美

出回り時期

130

パンパス

Pampas grass

銀白色の花穂はススキに似ていますが、花穂が30cmから1mにもなるのが違い。大きなアレンジに入れると野趣あふれるダイナミックな動きが出ます。秋前は銀白色の花穂は、完全に開花すると光沢が薄れてしまうので、開花前のものを使いましょう。

にもなります。雌雄異株の植物で雄株と雌株があり、花材となるのは雌株。開花前は銀白色の花穂、完全に開花すると光沢の花材と合わせて、野山を感じさせるアレンジに。ドライフラワー

銀白色の花穂は大きなアレンジ向き。開花すると光沢が薄れる

花穂は完全に開花すると光沢が薄れる

乾燥に強く、長もちする

Data

植物分類：
イネ科
コルタデリア属
原産地：
南アメリカ
和名：
銀葭（シロガネヨシ）
開花期：7〜9月
流通サイズ：
1〜2m程度
花の大きさ：
大（花穂）
価格帯：
300〜500円
花言葉
光輝
出回り時期

Arrange memo

日もち：2週間程度
水揚げ：水切り
注意点：完全に開花すると光沢が薄れるので、開花前のものを使う
相性のいい花材：
アマリリス（P.24）
フォックスフェイス（P.213）

ドライフラワー

ヒマワリ
Sunflower

「サンフラワー」という英名どおり、太陽を思わせるインパクトのある花が大人気。品種改良が進み、花の大きさは大小さまざまで、花色も従来の黄色に加え、レモンイエローやクリーム色、オレンジ色、茶色に近いシックな色のものなどが出回っています。また、咲き方も一重咲きから八重咲きまで、たくさんの品種があります。

夏のイメージが強い花ですが、切り花は周年出回っているので便利。インパクトの強い花を生かしたアレンジを工夫しましょう。

中央の部分があまり咲いていないものを選ぶと長もちする

茎にはうぶ毛が密生している

葉が弱りやすいので、クタッとしおれた葉は早めに取り除く

色も咲き方もバラエティー豊か。夏のイメージが強いが切り花は周年出回る

サンリッチオレンジ

Arrange memo

日もち：5日程度
水揚げ：水切り、湯揚げ
注意点：まめな水替えと切り戻しを行うと、長もちする
相性のいい花材：
　ソリダゴ（P.94）
　トルコギキョウ（P.107）

アレンジ実例

2種類のヒマワリ（サンリッチオレンジ・プラドレッド）で作ったブーケ

Data

植物分類：
キク科ヒマワリ属
原産地：
北アメリカ
和名：
向日葵（ヒマワリ）、
日輪草
（ニチリンソウ）
開花期：7〜9月
流通サイズ：
20cm〜1.5m程度
花の大きさ：
中・大輪
価格帯：
150〜500円

花言葉
崇拝、敬慕、
あなたを見つめる

出回り時期

ヒマワリ品種カタログ

花全体がオレンジ色の花弁で覆われ、種の部分がほとんどない「東北八重」

細かい花びらが中心まで詰まっていて、種の部分が少ない「レモンオーラ」

花びらが明るいレモン色の「サンリッチレモン」

スプレー咲きの「ヒメヒマワリ」も丈夫で、暑い夏に重宝する

シックな茶系ヒマワリの「プラドレッド」は、秋色の花材と相性抜群

近年、人気の"絵画シリーズ"の一種、「ゴッホ」は花びらが特長

ヒヤシンス

Hyacinth

甘くさわやかな香りが魅力。
球根つきの切り花として出回ることも多い

ヒヤシンスの甘くさわやかな香りをかぐと、子どもの頃に球根を水耕栽培したことを思い出す人も多いでしょう。18世紀のオランダで、チューリップに続いて熱狂的なブームを巻き起こしたこの花は近年、切り花としても人気。冬の寒いうちから花屋さんの店先で春の訪れを感じさせてくれます。

球根がついた状態で出回っているものは、そのまま水に浸けたり、ポットの土に埋めたりすると長く楽しめます。花色のバリエーションも増え、八重咲きの品種も出てきました。

Arrange memo

日もち：7〜10日
水揚げ：水切り
注意点：茎がぬめりやすいので、水はまめに替える
相性のいい花材：
スイートピー (P.80)
ラナンキュラス (P.164)

| アレンジ実例

水栽培用の花器に水を入れて、球根の根を浸けておけば、根がどんどん伸びて花も長く楽しめる

ベル状の小花は下から順に咲いていく

茎はぬめりやすいので水をまめに替えて

球根つきで出回ることも多い

キュートなピンクも人気

クリーム色は優しい印象

Data

植物分類：ユリ科ヒヤシンス属
原産地：地中海沿岸、北アフリカ
和名：錦百合（ニシキユリ）
開花期：3〜4月
流通サイズ：20〜45cm程度
花の大きさ：小輪
価格帯：200〜500円

花言葉
遊技、勝負、ひかえめな愛、しとやか

出回り時期

ピンクッション Pincushion
レウコスペルマム

7～8cmの長く突出したおしべが花びらのように見える

「ピンクッション」とは「針山」のこと。針の山に針がたくさん刺さっているような花姿から、この名前がつきました。花びらのように見えるのは、突出したおしべ。まるで針のように細くて、ツヤがあります。

花の部分が大きいので、短くアレンジして、花の面を見せるようにしましょう。もともとが熱帯植物なので、南国風のグリーンやオリエンタルなイメージの花材と組み合わせると相性がいいようです。

Arrange memo

日もち：7～10日
水揚げ：水切り
注意点：乾燥しやすいので、エアコンのそばなどには置かない
相性のいい花材：
アンスリウム（P.31）
ガーベラ（P.45）

アレンジ実例

ピンクッションと、同系色のアンスリウムの組み合わせは、南国風でありながらシック

Data

植物分類：
ヤマモガシ科
レウコスペルマム属
原産地：
南アフリカ
和名：──
開花期：5～7月
流通サイズ：
40～60cm程度
花の大きさ：大輪
価格帯：
300～400円

花言葉
どこでも成功を

出回り時期

花びらに見えるのはおしべ。花の面を見せるように短くアレンジして

135

フジバカマ

Thoroughwort

「秋の七草」のひとつとして
古来より愛されてきた花。
茶花としても活躍

淡い紫紅色の小花をたくさんつける

「秋の七草」のひとつに数えられ、昔は川べりや土手などによく咲いていたものですが、最近ではめっきり見かけなくなりました。花屋さんで「フジバカマ」として売られているものは、切り花用に改良されたものが多いようです。

可憐でどことなくさびしげな花姿は、万葉の時代から日本人の心をとらえてきました。茶花としても親しまれているほか、ススキなどと合わせてお月見のアレンジにもおすすめです。

乾燥させた葉が芳香を発することから、中国では古くから香草として用いられ、葉を湯に入れたり、衣服や髪につけたりしてきたそう。

茎や葉はそのままでは無香だが、乾燥させると芳香を発する

Arrange memo

日もち：5〜7日
水揚げ：水切り
注意点：水が下がりやすいのでまめに切り戻す
相性のいい花材：
キキョウ（P.51）
シュウメイギク（P.75）

Data

植物分類：
キク科フジバカマ属
原産地：
東アジア
和名：
藤袴（フジバカマ）
開花期：8〜10月
流通サイズ：
40cm〜1m程度
花の大きさ：小輪
価格帯：
150〜300円

花言葉
ためらい、
躊躇、遅延、
あの日を思い出す

出回り時期

12 1 2 3 4 5 6 7 8 9 10 11 （月）

ブバルディア　ブバリア
Bouvardia

直径1cmほどの4弁の小花は清楚で愛らしいたたずまいが人気。ほのかに甘い香りが漂います。

四角い形にふくらむつぼみも愛らしく、ナチュラルなブーケなどにも合いますが、水が下がりやすいのが欠点。水切りのあと深水に浸けるなどして、短めに使ったほうが水揚げがよくなります。

ポピュラーな白のほか、最近では赤や紫色などの濃い色や淡いピンクの八重咲きなどの品種も出回っています。

4弁の小花は長い花筒をもつ

つぼみはふくらむと四角になる

清楚で愛らしい小花は
ほのかに甘い香りが。
つぼみも愛らしい

乾燥すると葉がカリカリになるので注意する

Arrange memo

日もち：5〜7日
水揚げ：水切り、深水
注意点：夏は日もちが悪くなるので、まめに水を替える。水が下がりやすいので、水切りのあと深水に浸ける
相性のいい花材：
バラ（P.120）
ブルースター（P.141）

Data
植物分類：
アカネ科ブバルディア属
原産地：
中央アメリカ、南アメリカ
和名：
寒丁字（カンチョウジ）
開花期：5〜6月
流通サイズ：
50〜80cm程度
花の大きさ：小輪
価格帯：
200〜400円

花言葉
誠実な愛、羨望、清楚、交わり、夢

出回り時期

ブプレウルム ブプレニウム

Hare's ear

枝分かれした茎の先に、星型の花をつけますが、本当の花は、中心のごく小さな黄色い部分。それを取り巻いている緑色の部分は苞（ほう）です。丸みを帯びた葉を、細くしなやかな茎が突き抜けている様も面白く、全体の明るい緑の色合いともあいまって優しい印象を与えます。どんな花材とでも合わせやすく、アレンジやブーケを作る時に入れると、ボリュームが出せるので便利。グリーン花材のように使うといいでしょう。

アレンジやブーケの
ボリュームアップに便利。
グリーン花材のように使える

- 星型に広がる苞が花を取り巻いている
- 2〜3cmの小さな黄色い部分が本来の花
- 茎が葉の面を貫くようにして伸びている

Arrange memo

日もち：1週間程度
水揚げ：水切り、湯揚げ
注意点：茎の先の部分は細く折れやすいので、扱いはていねいに
相性のいい花材：
　ガーベラ（P.45）
　マトリカリア（P.152）
ドライフラワー

Data

植物分類：セリ科ブプレウルム属
原産地：ユーラシア
和名：突き抜き柴胡（ツキヌキサイコ）
開花期：6〜8月
流通サイズ：70cm〜1m程度
花の大きさ：小輪
価格帯：200〜400円

花言葉
初めてのキス

出回り時期

フランネルフラワー
Flannel flower

花全体が白いうぶ毛に覆われ、フランネルの布のような質感があることから、この名前がつきました。

反り返った花びらのように見える部分は苞(ほう)で、やわらかい感触が魅力です。温かみのある風合いは、寒い時期のアレンジやブーケなどにぴったり。ウェディングシーンでもよく使われます。

以前は、オーストラリアからの輸入ものがほとんどでしたが、最近の人気で、花の大きい国内産の品種も出回るようになりました。

Data
植物分類：
セリ科
アクチノータス属
原産地：
オーストラリア
和名：──
開花期：5〜6月
流通サイズ：
30〜40cm 程度
花の大きさ：中輪
価格帯：
300〜500 円
花言葉
高潔
出回り時期

Arrange memo
日もち：1週間程度
水揚げ：湯揚げ
注意点：水が下がりやすいので、まめに切り戻しを
相性のいい花材：
ブルースター（P.141）
ラムズイヤー（P.236）

ドライフラワー

アレンジ実例

フランネルフラワーを試験管風の花器に。隣に並べて生けたのは赤いシキミア

花びらのように見えるのは苞。フランネルの布のような質感

茎や葉も白い毛で覆われている。カーブした茎は優しい印象

フランネルのようなやわらかい質感が魅力。一躍、人気の花に

フリージア
Freesia

花は先端に向かって順に咲いていく

小さなつぼみがついた枝もアレンジに使って

伸びやかな花茎の先に、可憐な花を弓なりにつけます。品種改良されて、以前より1輪の花が大きくなりました。先端に向かって、つぼみが順に開いていくので、終わった花はまめに摘み取ること。そうすれば小さな先端のつぼみまで咲かせることができます。花のラインの美しさが生きるアレンジを心がけて。

フリージアといえば、甘くてすっきりとした香りも特長ですが、品種によってはほとんど香りがしないものもあります。香りが強いものは、黄色い品種に多いようです。

花のラインの美しさを生かしたアレンジを。独特の甘い香りも魅力

アンバサダー

ブルーヘブン

アラジン

Arrange memo
日もち：5〜7日
水揚げ：水切り
注意点：咲き終わった花から摘み取ると、つぼみが咲いてくる
相性のいい花材：
スイートピー (P.80)
ラナンキュラス (P.164)

Data
植物分類：
アヤメ科
フリージア属
原産地：
南アフリカ
和名：
浅葱水仙
（アサギズイセン）
開花期：3〜4月
流通サイズ：
20〜60cm 程度
花の大きさ：中輪
価格帯：
150〜300円

花言葉
あどけなさ、無邪気、純潔、親愛、期待

出回り時期
（月）

ブルースター *Tweedia*
オキシペタルム

透明感のある水色がもち味。切り口から出る白い粘液に注意して

透明感のある水色は、この花ならではのもち味。ピンクの花が咲く品種は「ピンクスター」、白い花は「ホワイトスター」の名前でそれぞれ流通しています。
やわらかな質感の花や葉は優しいイメージ。ナチュラルな雰囲気のアレンジやブーケのアクセントになります。

切り口からは白い粘液が出るので、切ったらすぐに洗い流すこと。あまり水揚げがよくないのが欠点。葉はしおれやすいので、少し間引いてから生けるようにしましょう。

Data
植物分類：
ガガイモ科
トゥイーディア属
原産地：
中央・南アメリカ
和名：
瑠璃唐綿
（ルリトウワタ）
開花期：5〜10月
流通サイズ：
30〜50cm 程度
花の大きさ：小輪
価格帯：
200〜300円
花言葉
信じ合う心、
幸福な愛、望郷
出回り時期

Arrange memo
日もち：5〜7日
水揚げ：水切り、湯揚げ、燃焼
注意点：切り口から白い粘液が出るので、洗い流してから生ける。葉は間引いてから生ける
相性のいい花材：
キルタンサス（P.56）
リューココリネ（P.167）

押し花

アレンジ実例
ブルースターとホワイトスターを口の広い花器に低くアレンジ。水色と白の組み合わせがさわやか

ブルーの花は退色するとピンク色に変わってくる

切り口から白い粘液が出るので洗い流してから生ける

ブルーレースフラワー

Blue lace flower

くねくねと曲がった細い茎の先に、淡いブルー系の小花が集まって傘状の形に咲きます。白い花をつける「レースフラワー」(171ページ)とは、名前は似ていますが別品種。「ブルーレースフラワー」にも白い花をつけるものがあるので、区別して。

つぼみも愛らしいので、枝分かれして使いましょう。野に咲くナチュラルな雰囲気の花と相性がよく、アレンジやブーケに入れると女性らしい優しげな雰囲気を演出できます。

淡いブルー系の小花とくねくねと曲がった茎が優しげなイメージ

小花が集まって傘状に咲く

カーブした茎は枝分かれして伸びる

Arrange memo

日もち：5～7日
水揚げ：水切り
注意点：咲き終わると花がパラパラ散るので、飾る場所に注意
相性のいい花材：
スカビオサ（P.82）
バラ（P.120）

アレンジ実例

ブルーレースフラワーの茎のラインを生かして、ガラスの花器にふわっと入れる

Data

植物分類：セリ科トラキメネ属
原産地：オーストラリア、南太平洋
和名：――
開花期：5～6月
流通サイズ：50～80cm程度
花の大きさ：小輪
価格帯：150～400円

花言葉
優雅なたしなみ、慎み深い人、無言の愛

出回り時期

ブルニア
Brunia

シルバーブルニア

茎に針状のスギのような葉をびっしりつけ、その先端に丸い実のような花をつけます。「バーゼリア」（116ページ）とよく似ていますが、こちらのほうが丈が短く、花は大きいのが特徴です。花色はシルバー系のものがほとんど。冬に多く出回り、大人っぽいクリスマスのアレンジやリースなどによく使われます。リースにあしらうと、そのままドライフラワーにもなります。

> シックでおしゃれなシルバー系の色味はクリスマスにも活躍

シルバーカラーがクリスマスアレンジ向き

小さな花が丸い実のように集まって咲く

茎には針状の細い葉が密集してつく

Data
植物分類：ブルニア科 ブルニア属
原産地：南アフリカ
和名：——
開花期：周年
流通サイズ：40〜50cm程度
花の大きさ：中輪
価格帯：200〜300円
花言葉：不変
出回り時期：

Arrange memo
日もち：1〜2週間
水揚げ：水切り
注意点：花に水がかかると黒ずむので注意する
相性のいい花材：
フランネルフラワー（P.139）
モミ（P.195）

ドライフラワー

プロテア

Protea

硬い花びらのように見えるのは苞。多くの小花が集まって咲く中央部を包み込んでいて、全体でひとつの花のように見えます。

原産地である南アフリカの国花にもなっている写真の「キング・プロテア」は大型の品種で、インパクトがあり、葉はすぐに黒くなるので、取ってから生けてもいいでしょう。

最近は、花全体の大きさが4〜5cmの小ぶりな品種も登場。アレンジしやすくなりました。

花びらのように見えるのは苞。ツヤがあるものが新鮮

葉は黒くなりやすいので取ってから生けたほうが長もち

素焼きの鉢に葉つきのまま入れ、葉が黒くなったら取ってほかのグリーンをプラス

Arrange memo

- 日もち：1〜2週間
- 水揚げ：水切り
- 注意点：葉は黒くなるので、はずしてから使うか、黒くなったらはずす
- 相性のいい花材：
  - **ジンジャー**（P.78）
  - **リューカデンドロン**（P.166）

ドライフラワー

アレンジ実例

エキゾチックな花はインパクト大！小ぶりの品種もお目見え

Data

- 植物分類：ヤマモガシ科プロテア属
- 原産地：中央・南アフリカ
- 和名：―
- 開花期：10〜12月
- 流通サイズ：50cm〜2m程度
- 花の大きさ：大輪
- 価格帯：2,000〜3,000円
- 花言葉：自由自在、華やかな期待
- 出回り時期

ベニバナ

Bastard saffron

アザミに似た黄色い球状の花を元気に咲かせ、花が少なくなる夏に重宝します。
和名を「末摘花（スエツムハナ）」といい、源氏物語に登場する姫の名はこの花が由来。赤い鼻を、古来より紅の原料として用いられてきたこの花にたとえたのです。
黄色い花は退色するにつれて徐々に赤くなっていくのですが、最近では色が変わらない品種も。アレンジなどで楽しんだあとは、そのままドライフラワーにもなります。

花が少なくなる夏に重宝する元気な花。そのままドライフラワーにも

花は通常、黄色から赤に変色していく

A
B
C
D

葉の先にトゲがあるので扱いに注意して

Data

植物分類：
キク科
カルタムス属
原産地：
地中海沿岸、西アジア
和名：
紅花（ベニバナ）、末摘花（スエツムハナ）
開花期：6〜7月
流通サイズ：
80cm〜1m程度
花の大きさ：中輪
価格帯：
150〜300円

花言葉
包容力、熱狂、情熱、特別な人、装い

出回り時期

Arrange memo

日もち：3〜5日
水揚げ：水切り
注意点：葉の先にトゲがあるので、扱いに注意して
相性のいい花材：
ヒマワリ（P.132）
ヘレニウム（P.148）

ドライフラワー

ヘリコニア ロブスタークロー
Heliconia

トロピカルなイメージをうまく生かして個性的なアレンジに

花も葉もトロピカルムード満点です。鮮やかな花色とシャープな造形を上手に生かして、個性的なアレンジを工夫しましょう。同じような南国風のグリーンを組み合わせても素敵です。

爪のようにも見えることから「ロブスタークロー」とも呼ばれます。実際の花は苞の中に10個前後つきます。

花のように見える部分は苞（ほう）。ロブスターの

舟形の苞の中に小さな花がつく

花茎は直立するタイプと下垂するタイプがある

Arrange memo

- 日もち：7〜10日
- 水揚げ：水切り
- 注意点：高温多湿な環境を好むので寒い場所は避けること
- 相性のいい花材：
  - グロリオサ（P.65）
  - ダリア（P.95）

アレンジ実例

ガラスの器に入れたヒメリンゴを花留めにして、ヘリコニアの花と葉をアレンジ

Data

- 植物分類：ストレリチア科ヘリコニア属
- 原産地：熱帯アメリカ、南太平洋諸島
- 和名：鸚鵡花（オウムバナ）
- 開花期：6〜10月
- 流通サイズ：50cm〜1m程度
- 花の大きさ：小輪
- 価格帯：300〜500円
- 花言葉：注目、脚光、風変わりな人、不寛容
- 出回り時期

ベルテッセン クレマチス

Vase vine

一重咲きや八重咲きなど、さまざまな品種があるクレマチス。なかでも、可憐な釣鐘状の花を咲かせるタイプは「ベルテッセン」と呼ばれて人気です。

ギリシャ語で「つる」を意味する「クレマ」が語源のクレマチス。和名の「鉄線（テッセン）」も、その丈夫なつるを鉄線にたとえたことからきています。クレマチスの種類はどれも水揚げがよくなるのですが、ベルテッセンも例外ではありません。生ける前や水が下がってしまった時は、新聞紙などに包んで湯揚げしましょう。花も葉もシャキッと元気になります。

Data

植物分類：
キンポウゲ科
クレマチス属

原産地：
ヨーロッパ、
中央アジア

和名：
ベル鉄線
（ベルテッセン）、
釣鐘鉄線
（ツリガネテッセン）

開花期：5〜10月

流通サイズ：
1〜3m程度

花の大きさ：中輪

価格帯：
300〜1,200円

花言葉
高潔、美しい心、
あなたの心は美しい

出回り時期

Arrange memo

日もち：5〜7日
水揚げ：湯揚げ
注意点：水が下がりやすいので水揚げをしっかりと
相性のいい花材
アジサイ アナベル (P.18)
バラ (P.120)

うつむいて咲くベル型の小輪が可憐な印象

釣鐘状の可憐な花を咲かせるクレマチスの一種

直立しにくいので、つるを生かしたアレンジに

ヘレニウム

Sneeze Weed

ともすれば、供花のイメージもある地味な印象の花。アレンジのコツは、1本をそのまま入れずに切り分けて、ひとつひとつの花が引き立つようにすること。空きびんや空き缶などに、さりげなく飾るのもおすすめです。花びらが散ったあとに残る中心部だけでもかわいらしい印象になります。この部分が団子のように丸く盛り上がっていることから、和名を「団子菊（ダンゴギク）」といいます。

中央の部分が半球状に盛り上がって咲く

水につく下のほうの葉は整理してから生ける

Arrange memo

日もち：5〜7日
水揚げ：水切り、深水
注意点：茎を切った時に出る汁でかぶれる場合があるので、手につけないよう気をつける
相性のいい花材：
ヒマワリ（P.132）
ベニバナ（P.145）

枝をそのまま入れず、切り分けてアレンジするのがコツ。花が散ったあとの中心部もかわいい

Data

植物分類：キク科 ヘレニウム属
原産地：北アメリカ
和名：団子菊（ダンゴギク）
開花期：7〜10月
流通サイズ：50cm〜1m程度
花の大きさ：中輪
価格帯：150〜300円
花言葉：派手、上機嫌、絶望的な恋
出回り時期

ベロペロネ ベルベロネ

Shrimp bush

花びらのように見える部分は苞（ほう）。うろこ状に重なってカーブしていて、エビの背中から尻尾の部分に似ているため、和名は「小海老草（コエビソウ）、英名も「シュリンプブッシュ」といいます。緑色の苞は、だんだん赤く色づいてきます。花としても、ボリュームを出したい時などに大変重宝します。切り分けて使い勝手がよく、アレンジが少しさびしい時や、花としても、グリーンとしても、なかなか使い勝手がよく、アレいましょう。

苞が重なってカーブした花穂を形成している

花としても、グリーンとしても、使い勝手がよく重宝する

日が経つと、花も葉も黒ずんでくる

Data

- 植物分類：キツネノマゴ科ベロペロネ属
- 原産地：メキシコ
- 和名：小海老草（コエビソウ）
- 開花期：6～7月
- 流通サイズ：50cm～1m程度
- 花の大きさ：中輪
- 価格帯：150～300円

花言葉
おてんば、機知に富む

出回り時期

Arrange memo

- 日もち：5日程度
- 水揚げ：湯揚げ、燃焼
- 注意点：茎は折れやすいので、ていねいに扱うこと
- 相性のいい花材：
  ウィンターコスモス (P.35)
  キク (P.52)

ベンケイソウ セダム

Live-forever

乾燥に強く、丈夫で長もち。
アレンジのすき間を
埋める花材としても活躍

「ベンケイソウ」という名前の由来は、あの武蔵坊弁慶から。切った茎や葉をそのまま放置しておいても枯れない丈夫さを、強い武将の弁慶にたとえたのだとか。確かに、サボテンなどの多肉植物の仲間だけあって乾燥に強く、とても丈夫で長もち。暑さにも強いのです。星型の小花が集まって咲くと、ボリュームたっぷり。小分けしてアレンジのすき間を埋めるのにも使えて便利です。花が少なくなる夏のアレンジにもとても重宝します。

開花前の状態で出回る

葉と茎は、多肉植物ならではの独特の質感をもつ

Arrange memo

日もち：1～2週間
水揚げ：水切り、湯揚げ
注意点：湿気を嫌うので風通しのいい場所に置く
相性のいい花材：
トルコギキョウ（P.107）
ベルテッセン（P.147）

Data

植物分類：
ベンケイソウ科
ヒロテレフィウム属
原産地：
ヨーロッパ、シベリア、日本、中国、モンゴル、朝鮮半島
和名：
弁慶草（ベンケイソウ）
開花期：7～10月
流通サイズ：
30～60cm程度
花の大きさ：小輪
価格帯：
200～300円

花言葉
強い心、信念、平穏、のどか

出回り時期

マーガレット

Paris daisy, Marguerite

花の名に疎い人でも、花びらを1枚ずつちぎって占う恋占いの花、と聞けば思い浮かぶのでは？ 日本には明治時代の初めに伝わったと言われ、庭の花や鉢植えの花としても人気。清楚な白い花は、万人に好まれるようです。

一重咲きの白い花が一般的ですが、品種改良も盛んに行われ、八重咲きやピンク、オレンジ色、黄色などの花も次々と登場。花つきのいい小ぶりなタイプも人気です。

余分な葉を間引いて、水揚げをしっかりしておけば、小さなつぼみも咲きます。

- 一重咲きの白い花が一般的
- 葉には深い切れ込みが入っている

清楚な白い花は万人に好まれる。品種改良も盛ん

Data

植物分類：
キク科
アルギランセマム属

原産地：
カナリア諸島

和名：
木春菊
（モクシュンギク）

開花期：3〜4月

流通サイズ：
30〜60cm程度

花の大きさ：中輪

価格帯：
150〜300円

花言葉
恋占い、恋の行方、誠実、心に秘めた愛、真実の友情

出回り時期

Arrange memo

日もち：7〜10日
水揚げ：水切り、湯揚げ、燃焼
注意点：葉を適度に取り除くと、水揚げがよくなる
相性のいい花材：
**シュッコン
スイートピー** (P.76)
チューリップ (P.97)

アレンジ実例

シンプルなガラスの花器にマーガレットを生けて、日光が当たる窓辺に飾る

マトリカリア フィーバーフュー

Feverfew

直径1〜2cmの小さな花には強い香りがある

直径1〜2cmの小さな花がたくさん、枝分かれした細い茎の先につきます。一重咲きの白い花がポピュラーですが、半八重咲きや八重咲き、ポンポン咲き、枝分けして黄色い花をつける品種などもあります。

一重咲きの花は、ハーブのカモミール（カミツレ）によく似ていますが、葉が違います。可憐な雰囲気があり、花には、キクに似た強い香りがあります。

るのに適しています。水が下がりやすいので、余分な葉は整理してしっかり水揚げしてから使いましょう。

葉には深い切れ込みがある

可憐な白い花をスプレー状につける。水が下がりやすいので注意

Data

植物分類：キク科マトリカリア属
原産地：地中海沿岸、西アジア
和名：夏白菊（ナツシロギク）
開花期：5〜7月
流通サイズ：30〜90cm程度
花の大きさ：小輪
価格帯：150〜300円

花言葉
恋路、集う喜び、忍耐、寛容、楽しむ

出回り時期

（月）

アレンジ実例

口が広いグラスに少ない本数を生ける時は、花を片側に寄せるとバランスがいい

Arrange memo

日もち：3〜7日
水揚げ：水切り、湯揚げ
注意点：茎は折れやすく葉は傷みやすいので、扱いはていねいに。余分な葉は整理し、水揚げをしっかりする
相性のいい花材：
ストロベリーキャンドル（P.89）
ルピナス（P.169）

マリーゴールド
Marigold

黄色やオレンジ色のビビッドカラーで夏の花壇を彩る花ですが、ずらしい品種も登場しています。切り花も出回っています。丈が長くて花も大きいアフリカ系と、丈の短い小輪のフレンチ系の2種類があります。最近では、白やクリーム色などの淡い色の花や、一重咲きなどのめずらしい品種も登場しています。花が大型なアフリカ系は茎が中空で、花の下から折れやすいので扱いに注意して。また、独特の強い香りを発するため、使いすぎには気をつけましょう。

八重咲きで丸く咲くタイプが主流

ビビッドカラーが印象的。香りが強いので使いすぎないよう注意して

葉から強い香りを発する

Data
植物分類：
キク科タゲテス属
原産地：
メキシコ
和名：
孔雀草
（クジャクソウ）、
万寿菊
（マンジュギク）、
千寿菊
（センジュギク）
開花期：4〜10月
流通サイズ：
15〜80cm程度
花の大きさ：
中・大輪
価格帯：
150〜300円

花言葉
可憐な愛情、友情、勇者、予言、健康、嫉妬、絶望

出回り時期

Arrange memo
日もち：5〜10日
水揚げ：水切り、湯揚げ
注意点：香りが強いので、使いすぎないこと
相性のいい花材：
カラー（P.48）
ヒマワリ（P.132）

ドライフラワー

アレンジ実例

同じ黄色のカラーやヘレニウムと組み合わせたブーケ。明るいグリーンをあしらって

ミシマサイコ

Bupleurum root

小さな花が集まって、ひとつの花に見える

「三島柴胡（ミシマサイコ）」という名前は、静岡県三島市付近が原産地とされているから。根を乾燥したものは「柴胡桂枝湯（さいこけいしとう）」と呼ばれる漢方薬の原料になり、解熱作用があることが知られています。自生種は絶滅の危機にさらされていますが、栽培されて秋になると、枝分けした切り花が出回ります。

緑色がかった黄色の小花はひかえめな印象を与えますが、秋らしいナチュラルなアレンジなどの脇役として活躍します。

秋の野山を思わせる
ひかえめな黄色い小花が
愛らしい

Arrange memo

日もち：3〜7日
水揚げ：水切り、湯揚げ
注意点：水が下がってしまったら、水切り後、湯揚げを
相性のいい花材：
リンドウ (P.168)
ワレモコウ (P.174)

ドライフラワー

茎が枝分かれしたところから切ると使い勝手がいい

Data

植物分類：
セリ科
ププレウルム属
原産地：
日本
和名：
三島柴胡
（ミシマサイコ）
開花期：8〜9月
流通サイズ：
50〜80cm 程度
花の大きさ：小輪
価格帯：
200〜300 円

花言葉
初めてのキス

出回り時期

12 1 2 3 4 5 6 7 8 9 10 11（月）

ミヤコワスレ

Gymnaster

端正な姿に気品があり、丈夫で水揚げもいい。
すっきり清楚なアレンジに

鎌倉時代、承久の乱に敗れて佐渡へ島流しになった順徳院が、この花を見て慰められ、都を忘れることを誓ったのだとか。そこから「都忘れ」という名前がつきました。端正な姿に気品があり、花の色や形を生かしてすっきりとアレンジするのが似合います。枝ものや野草風の花材ともよく合います。丈夫で水揚げがよいのも特長。小さなつぼみを整理してから生けると、色づいたつぼみまで咲きます。

茎の先に数個の花がつく

葉の周囲はギザギザにとがっている

Data

植物分類：
キク科
ミヤマヨメナ属
原産地：
日本
和名：
都忘れ
（ミヤコワスレ）、
野春菊
（ノシュンギク）、
深山嫁菜
（ミヤマヨメナ）
開花期：4〜6月
流通サイズ：
20〜50cm 程度
花の大きさ：中輪
価格帯：
100〜300円

花言葉
別れ、
しばしの憩い、
強い意志

出回り時期

Arrange memo

日もち：3〜5日
水揚げ：水切り、湯揚げ
注意点：茎がしっかりした花を選ぶと長もちする。余分な葉や硬くて小さなつぼみは整理する
相性のいい花材：
ワスレナグサ（P.172）
コデマリ（P.181）

ムギ ハナムギ

Barley

ムギにはいろんな種類がありますが、切り花として出回るのは主にオオムギ。青々とした穂をつけたものは、春らしい花材と組み合わせて、ブーケなどによく使われます。秋になると、黄金色に色づいたものも出回ります。実りの秋をイメージさせるアレンジなどにおすすめです。

しまうので、ブーケやアレンジなどに使う際は最初から取り除いておいてもいいでしょう。

類がありますが、切り花として出回るのは主にオオムギ。青々とした穂をつけたものは、春らしい花材と組み合わせて、ブーケなどによく使われます。

すぐに黄色く変色してきれいな緑色の葉は、

青々とした穂は春の花材として活躍。カジュアルなブーケによく使われる

穂や茎の直線的なラインを生かして

Arrange memo

日もち：5〜7日
水揚げ：水切り
注意点：葉は変色しやすいので、取り除いても
相性のいい花材：
チューリップ (P.97)
ナノハナ (P.113)

ドライフラワー

Data

植物分類：
イネ科オオムギ属
原産地：
中東
和名：
麦（ムギ）
開花期：4〜6月
流通サイズ：
60cm 程度
穂の大きさ：中
価格帯：
100〜200円

花言葉
富、繁栄、希望、豊作

出回り時期

ムスカリ ブドウヒヤシンス

Grape hyacinth

初春を告げる球根植物。ブルー系の色が美しく、強い芳香をもつ品種も

小さなブドウの房のような可憐な花を茎の先端につけます。ヒヤシンスの仲間の球根植物で、英名は「グレープヒヤシンス」。「ムスカリ」という名前は、ムスクの香りに似ていることからついたのだとか。花にさわやかで強い芳香をもつ品種もあります。

ブルー系や白、緑色に近い色も出回っていますが、ムスカリらしい色といえば、なんといってもブルー。濃淡いろいろあって、甘い春色のブーケなどに入れるとアクセントになります。

3〜5mmほどの小花が茎先に連なって咲く

緑色がかった色も人気

Arrange memo

日もち：5〜7日
水揚げ：水切り
注意点：花と花との間が詰まっている新鮮なものを選ぶ
相性のいい花材：
アネモネ（P.22）
スイセン（P.81）

アレンジ実例

ヒヤシンスのように球根付きで出回るものをガラスの花器に。器の青い脚がアクセント

Data

植物分類：
ユリ科ムスカリ属
原産地：
地中海沿岸、南西アジア
和名：
葡萄風信子
（ブドウフウシンシ）
開花期：3〜4月
流通サイズ：
10〜30cm程度
花の大きさ：小輪
価格帯：
100〜150円
花言葉
寛大なる愛、黙っていても通じる私の心、失望、失意
出回り時期

モカラ
Mokara

ビビッドな色と花もちのよさ。価格も手ごろでカジュアルなランとして人気

多くの品種があるランの中でも、近年人気を集めているのが、この「モカラ」。バンダ属、アラクニス属、アスコセントラム属の3種のランを掛け合わせて作った人工種で、おもに東南アジアから切り花として輸入されています。黄色やオレンジ色、紫色、ピンクなどのビビッドな色が豊富で花もちもよく、価格も手ごろです。

そのまま生けて華やかさを演出したり、数輪を水に浮かべたりしても素敵。まめに水を替え、茎を切り戻すと長もちします。

Arrange memo

日もち：1〜2週間
水揚げ：水切り、湯揚げ
注意点：寒さに弱いので、冬期は温かい場所に置く。乾燥しないよう、花の裏側から霧吹きで水分補給
相性のいい花材：
　ガーベラ（P.45）
　バンダ（P.130）

アレンジ実例

葉先を丸めたドラセナを花留めにして、2色のモカラとキイチゴの葉をアレンジ

1本の茎に花がたくさんつく

花は乾燥に弱いので、霧吹きで水分補給を

花の中心には小さいながらもラン特有のリップが

Data

植物分類：ラン科モカラ属
原産地：熱帯アジア、オーストラリア
和名：――
開花期：7〜11月
流通サイズ：20〜30cm程度
花の大きさ：中輪
価格帯：200〜300円
花言葉：優美、優雅、気品、美人
出回り時期

ヤグルマギク

Bachelor's button, Bluebottle

花の形が、矢を放射状に丸く並べた「矢車」に似ていることから、この名前がつきました。濃いブルーの花です。濃いブルーの花は、古代エジプトのツタンカーメン王の墓からの出土品にも描かれていたそう。ドイツの国花で、独身の人が襟元につける花とされているなど、世界中で親しまれています。

深い切れ込みのある細い花びらが繊細な印象。細い茎のラインを生かして、野の花風の優しい雰囲気のアレンジに使いましょう。

切れ込みのある細い花びらが繊細な印象。茎のラインを生かしたアレンジを

茎や葉は白い綿毛に覆われている

愛らしいつぼみは水揚げすれば咲く

深い切れ込みのある花びらが特徴

ここまで硬くて小さなつぼみは咲きそうにないのでカット

Data

植物分類：
キク科
ケンタウレア属

原産地：
ヨーロッパ東南部、小アジア

和名：
矢車菊（ヤグルマギク）、矢車草（ヤグルマソウ）

開花期：4〜6月

流通サイズ：
30〜60cm程度

花の大きさ：中輪

価格帯：
100〜300円

花言葉
幸福、幸運、教育、信頼、デリカシー、優雅、繊細、独身生活

出回り時期

Arrange memo

日もち：5〜7日
水揚げ：水切り
注意点：茎は腐りやすいので毎日まめに切り戻す
相性のいい花材：
グリーンベル（P.61）
ブプレウルム（P.138）

ユリ
Lily

時間が経つと花びらの先にシワが入り、透明になってくる

つぼみが多いものを選ぶと長く楽しめる

つぼみが開いたら花粉は取っておく

ほとんどのつぼみは咲くので、つぼみが多いものを

葉先までピンとしてみずみずしいものが新鮮

芳香と優雅な花姿が魅力的な冠婚葬祭の定番花。花粉が花びらにつかないよう注意

昔から、「立てば芍薬、座れば牡丹、歩く姿は百合の花」と、美人の姿を形容する花としても使われるユリ。切り花として出回っているものは、四方に広がって咲く大輪のオリエンタルハイブリッド系、丈夫で成長が早いLAハイブリッド系、黄色やオレンジの大輪が多いOTハイブリッド系、ササユリやヤマユリ、テッポウユリなどの原種系などに大きく分かれます。

強い芳香があり、優雅で華麗、純白の大きな「カサブランカ」や「コンスタンス」は、咲くまでに時間がかかるので、当日に開くよう時間を調節して。

オリエンタルハイブリッド系の代表種。結婚式のブーケとしても人気です。ブーケに使用する時は、花びらにつかないよう花粉は取っておくこと。また、

コンスタンス
（オリエンタルハイブリッド系）

Data
植物分類：
ユリ科ユリ属
原産地：
北半球の亜熱帯〜亜寒帯
和名：
百合（ユリ）
開花期：5〜8月
流通サイズ：
20cm〜1m程度
花の大きさ：
中・大輪
価格帯：
200〜3,000円
花言葉
純潔、威厳、無垢、自尊心
出回り時期

160

ユリ品種カタログ

オリエンタルハイブリッド系

花弁の周囲の白が中心部の赤を際立たせる「パラデロ」はボリューム満点

ピンクから白へのグラデーションが美しい「ウィルケアベルディ」

「カサブランカ」に匹敵する高級白ユリの「クリスタルブランカ」

濃いピンクの花が上を向いて咲く「タランゴ」。花弁は硬い

ピンクにうっすら白が入った「ロビナ」。花は大型でエレガント

白地に濃いピンクが入った「ソルボンヌ」。存在感があり、華やか

アレンジ実例

Arrange memo
日もち：7〜10日
水揚げ：水切り
注意点：服などにつくと落ちにくいので花粉はあらかじめ取っておく
相性のいい花材：
　ハイブリッド系には
　　ダリア (P.95)
　　トルコギキョウ (P.107)
　原種系には
　　トラノオ (P.106)
　　ドウダンツツジ (P.187)

ピンクのユリを主役に。つぼみは高く、花は低く生けるとバランスがいい。三角形に生けて

ユリ品種カタログ

原種系

OTハイブリッド系

LAハイブリッド系

ラッパに似た白い花を横向きに咲かせる「テッポウユリ」は清楚さが魅力

黄色の大輪「イエローウィン」はブライダルなどでも人気

オレンジ色の「ロイヤルトリニティ」。花弁が大きくは広がらない

「テッポウユリ・ドゥーサン」は、グリーンと白の葉やつぼみが個性的

白と黄色のコントラストが美しい大輪の「シェルブール」も人気の品種

ピンク系の「サムール」。花が巨大にならず、ほかの花材とも合わせやすい

小輪でオレンジ色の花が可憐な印象の「ヒメユリ」。ナチュラルなアレンジに

| アレンジ実例

花の色と同じ白い花器を並べて、テッポウユリとテッポウユリ・ドゥーサンを

ラケナリア アフリカンヒヤシンス

Cape cowslips

ベル型や筒型の小花が穂状に連なって咲く。香りのいい品種も

「アフリカンヒヤシンス」の別名も持つ球根植物。ベル型や筒型の小さな花が穂のように連なって咲き、香りのいい品種もあります。非常に種類が多く、花色もさまざま。美しい水色やツートンカラーなど複色のものは、特に人気です。切り花として出回るのは、草丈が短く、花と茎だけで葉はつかないものが一般的。小さなガラスの花器などに数本入れて、宝石のような花色の美しさを楽しんでみましょう。

小さなベルや筒の形をした花は、下から順に咲き始める

Data

植物分類：
ユリ科ラケナリア属
原産地：
南アフリカ
和名：──
開花期：2〜4月
流通サイズ：
10〜30cm程度
花の大きさ：小輪
価格帯：
200〜300円

花言葉
持続する愛、移り気、浮気はやめて

出回り時期

Arrange memo

日もち：3〜5日
水揚げ：水切り
注意点：咲き終わった花は摘み取ると長もちする
相性のいい花材：
バイモ（P.117）
リューココリネ（P.167）

ムタビリス

オーレア

ラナンキュラス

Persian buttercup, Garden ranunculus

春の主役として大人気！
ひらひらといく重にも
重なる花びらが美しい

ひらひらとした薄い花びらがいく重にも重なって咲く姿がゴージャス。近年、春を彩る花の主役級として、人気が定着しています。色数も豊富で、花びら全体にグラデーションがかかっているものや、花びらの端に縁取りがあるようなものも。咲き方も、花芯が見える半八重咲きやカーネーションのように咲くタイプなど、多彩です。

選ぶ時は、つぼみが少しほころびかけたものがおすすめ。小さくて硬いつぼみは、咲かずに終わってしまうことも多いので、生けるときに整理して。水中で茎が腐りやすいため、浅めの水で生けましょう。

1本の茎に花が数輪つく。小さくて硬いつぼみは整理して

そっと茎をつまんでみてやわらかければ、水が下がっているサイン

ころんと丸い花器に、美しく咲いた淡い色のラナンキュラスを2種、短く切って入れて

Arrange memo

日もち：3〜4日
水揚げ：水切り、湯揚げ
注意点：茎がやわらかく折れやすいものは、扱いをていねいに。浅めの水で生ける
相性のいい花材：
バラ（P.120）
レースフラワー（P.171）

アレンジ実例

Data

植物分類：キンポウゲ科キンポウゲ属
原産地：南西アジア、ヨーロッパ
和名：花金鳳花（ハナキンポウゲ）
開花期：3〜4月
流通サイズ：40〜60cm程度
花の大きさ：中・大輪
価格帯：150〜350円
花言葉：晴れやかな魅力、名声、忘恩
出回り時期

ラナンキュラス品種カタログ

にごりのないクリアな黄色が春らしい。明るいグリーンを合わせるのがおすすめ

白い花びらが開くと大輪になる品種。違う種類の白い花と組み合わせても素敵

緑色の花が咲く「エムグリーン」と呼ばれる品種。独特の花姿が野菜のよう

深みのある赤のラナンキュラスも人気。1本で飾ってもインパクトがある

白い花びらの上の部分が優しいピンクに色づく品種。茎が太く、草丈が短い

リューカデンドロン

Leucadendron

美しく色づいた苞（ほう）はまるで花びらのよう。長もちするのもうれしい

南アフリカが原産のエキゾチックな植物。数多くの品種が出回っていて、色や形もさまざまです。この苞の中心にある頭状の部分が花です。葉も苞もツヤツヤとしていて硬く、長もちするのも特長。いくつかに枝分けして茎の先で色づいた花びらのようにも見える部分は枝分けしてアレンジしましょう。

中心の松かさのような部分が花

花びらのように色づいている部分は苞

Arrange memo

日もち：2週間程度
水揚げ：水切り、燃焼
注意点：アレンジする際は枝分けして使う
相性のいい花材：
トルコギキョウ（P.107）
プロテア（P.144）

ドライフラワー

アレンジ実例

トルコギキョウやバラのアレンジに、苞がグリーンのリュウカデンドロンをあしらう

シルバースター　　イエロー

Data

植物分類：
ヤマモガシ科
リューカデンドロン属
原産地：
南アフリカ
和名：——
開花期：周年
流通サイズ：
50cm～1m程度
花の大きさ：中・大輪
価格帯：
300～800円

花言葉
沈黙の恋、
閉じた心を開いて

出回り時期

（月）

166

リューココリネ

Glory of the sun

細くて長いしなやかな茎の先に、星型の可憐な花を数輪、放射状につけます。

切り花として一般的に出回るようになったのは1990年代と、比較的新しい花。軽やかで気品のある姿で人気になりました。

花びらが白から青紫色のグラデーションになっている品種をはじめ、ブルーや紫色系、最近ではピンクや白の花も出回っています。水揚げがよく、つぼみもよく咲きます。甘くてスパイシーな香りをもつ品種とそうでない品種に分かれます。

軽やかで気品のある姿と甘くてスパイシーな香りで人気上昇中

白や淡いピンク、青紫色など、花色もさまざま

茎の先端に星型の花を放射状につける

花びらが白〜青紫色のグラデーションに

大きな葉をバックに入れると、繊細な花の色や形が引き立つ

Arrange memo

日もち：3〜5日
水揚げ：水切り
注意点：咲き終わった花は摘み取るとつぼみまでよく咲く
相性のいい花材：
アガパンサス (P.14)
デルフィニウム (P.103)

押し花

アレンジ実例

Data

植物分類：
ユリ科
リューココリネ属
原産地：
南アメリカ
和名：——
開花期：3〜4月
流通サイズ：
30〜60cm程度
花の大きさ：中輪
価格帯：
200〜300円
花言葉
あたたかい心
出回り時期

リンドウ

Gentian

茎が細く、小ぶりに改良され、アレンジしやすくなった

涼しげなイメージがありながらことなく野暮ったくお盆やお彼岸に供えられる花という印象が強かったのですが、品種改良が進み、アレンジしやすくなりました。太い茎は細くなり、全体が小ぶりに。独特の匂いも少なくなっています。定番の青紫色のほか、薄紫色や水色、ピンク、白など、淡い色の品種も豊富。スプレー咲きやミニタイプなどもあります。

直立した長い茎は、1本をそのまま使うのではなく、何本かに切り分けたほうがアレンジしやすくなります。

茎の途中の葉の上と茎の先端に筒状の花をつける

茎は直立していて、ほとんど枝分かれしない

マイファンタジー

Arrange memo

日もち：5～7日
水揚げ：水折り
注意点：花に直接水をかけると閉じるので、注意すること
相性のいい花材：
スプレーマム (P.91)
ワレモコウ (P.174)

押し花

アレンジ実例

ブリキのミニバケツに短く切ったリンドウを。身近な雑貨にさりげなく生けるのが似合う

Data

植物分類：リンドウ科リンドウ属
原産地：アフリカ以外の亜寒帯から熱帯
和名：竜胆（リンドウ）
開花期：7～9月
流通サイズ：20～80cm程度
花の大きさ：中輪
価格帯：200～400円

花言葉
正義、的確、さびしい愛情、悲しんでいるあなたが好き

出回り時期

ルピナス
Lupine

庭の花としておなじみだったルピナスは、近年、切り花としても人気。マメ科の植物を思わせるフジに似た小さな花が穂状に咲きます。フジは上から下へと垂れ下がって咲くのに対して、こちらは下から上へと咲いていくので「ノボリフジ」とも呼ばれています。

色とりどりのルピナスをミックスして、それだけでミニブーケを作っても。もちろん、一種だけを花器に生けても素敵です。花がポロポロと散りやすいので、終わった花はすぐに摘み取りましょう。

ガーデニングでおなじみ。色とりどりの花をミニブーケにしても

フジに似た小さな花が下から順に咲いていく

茎と葉は白くやわらかい毛で覆われている

Data

植物分類：
マメ科ルピナス属

原産地：
南北アメリカ、地中海沿岸、南アフリカ

和名：
昇り藤（ノボリフジ）、立藤草（タチフジソウ）

開花期：5～6月

流通サイズ：
20～50cm程度

花の大きさ：小輪

価格帯：
150～300円

花言葉
多くの仲間、母性愛

出回り時期

アレンジ実例

クラシックな形の水差しに黄色いルピナスを。手前のグリーンはレモンリーフ

Arrange memo

日もち：5～7日
水揚げ：水切り、深水、湯揚げ
注意点：水が下がりやすいので、水揚げをしっかりしておくこと
相性のいい花材：

スカビオサ（P.82）
ブルースター（P.141）

ルリタマアザミ

Small globe thistle

シルバーがかった
ブルーの花が涼しげな印象で
アレンジを軽やかに

青紫色の小さな花が集まって球状に咲く

茎と葉の裏側には白い綿毛が密集して生えている

葉にはギザギザのトゲがあり、刺さると痛いので注意

つぼみのときはシルバーカラーで全体がトゲ状ですが、小さな花が密集して咲くにつれて青紫色に変化します。葉の裏側と茎には、綿毛が密集していて白っぽい色合いに。そのままドライフラワーにもなります。

葉にはトゲがあり、刺さると痛いので注意して。

ム感が出ます。

夏にふさわしいクールな印象で、アレンジに入れると軽やかなリズワーにもなります。

Arrange memo

日もち：1週間程度
水揚げ：水切り、燃焼
注意点：花首が垂れやすいので、十分に水揚げを。葉のトゲに注意する
相性のいい花材：
アジサイ（P.16）
リンドウ（P.168）

ドライフラワー

アレンジ実例

中心付近から放射状に伸びるルリタマアザミがアレンジのアクセントになっている

Data

植物分類：キク科エキノプス属
原産地：西アジア、東南ヨーロッパ
和名：瑠璃玉薊（ルリタマアザミ）
開花期：6〜7月
流通サイズ：70cm〜1m程度
花の大きさ：小輪
価格帯：200〜600円
花言葉：鋭敏、疑い、権威、独り立ち

出回り時期

（月）

レースフラワー

Bishop's weed

ホワイトレースフラワー

10〜20個の白い小花が丸く集まって咲き、さらにそれらが茎の先から枝分かれして傘状に広がる姿は、まるで繊細なレース編みのよう。主役の花ではありませんが、アレンジやブーケに加えると、涼しげでロマンチックな印象を演出します。枝分けして、長さを揃えて入れるときれいです。葉は水が下がりやすいので、あらかじめ取ってから生けましょう。

Data

植物分類：
セリ科
ドクゼリモドキ属

原産地：
地中海沿岸、西アジア

和名：
毒芹擬
（ドクゼリモドキ）

開花期：5〜6月

流通サイズ：
30cm〜1m程度

花の大きさ：小輪

価格帯：
150〜400円

花言葉
悲哀・可憐な心、こまやかな愛情、優雅なたしなみ

出回り時期
（月）4〜7

Arrange memo

日もち：3〜7日
水揚げ：水切り、湯揚げ
注意点：花粉が落ちやすいので、飾る場所に注意。葉はあらかじめ取っておく

相性のいい花材：
アネモネ（P.22）
バラ（P.120）

ドライフラワー

アレンジ実例

白い小花の集まりが、茎の先から広がって咲く

レース編みのような繊細な白い花でロマンチックなアレンジに

葉や新芽は水が下がりやすいので生ける前に取って

枝分けしたレースフラワーを生けるときは、全体的に長さを揃えて入れるときれい

ワスレナグサ
Forget me not

空のようなブルーが印象的。
可憐な花を生かして
小さなアレンジの差し色に

英名の「フォーゲットミーノット（私を忘れないで）」は、恋人のためにこの花を摘もうとしてドナウ川の急流に飲み込まれた青年が、最期にこの言葉を残したという伝説から。それがそのまま日本語に訳されて「忘れな草」になりました。

花びらの澄んだブルーと、花の中央の黄色との取り合わせが印象的。葉の明るい緑色ともよく合います。春の小花を集めた小さなアレンジなどの差し色に使いましょう。水が落ちやすいので湯揚げするのがおすすめです。

花弁のきれいな水色と中心の黄色が印象的

花が葉に埋もれやすいので、葉を整理してから使う

Arrange memo

日もち：2〜5日
水揚げ：湯揚げ
注意点：花が終わるとポロポロと散るのでまめに摘み取る。水が下がりやすいので水揚げはしっかり
相性のいい花材：
ストロベリーキャンドル (P.89)
ムスカリ (P.157)

Data

植物分類：
ムラサキ科
ワスレナグサ属
原産地：
ヨーロッパ、アジア
和名：
忘れな草
（ワスレナグサ）
開花期：3〜6月
流通サイズ：
15〜30cm程度
花の大きさ：小輪
価格帯：
150〜300円

花言葉
私を忘れないで、
真実の愛

出回り時期

ワックスフラワー
Waxflower

ロウ細工のようなツヤと質感のある花は小さいながらも存在感あり

「ワックスフラワー」という名前は、まるでロウ（ワックス）細工のようなツヤと質感のある花からつきました。花は5枚の花弁からなり、小さいながらも存在感があります。アレンジするときは枝分けして使い、ボリューム感を出しましょう。使う前に枝を逆さにして何度か振り、ポロポロと散る花をあらかじめ落としておくこと。水切りだけで水もよく揚がります。

Data

植物分類：
フトモモ科ワックスフラワー属
原産地：
オーストラリア
和名：──
開花期：3〜5月
流通サイズ：
60cm〜1m程度
花の大きさ：小輪
価格帯：
200〜400円

花言葉
気まぐれ、繊細、かわいらしさ、まだ気づかれない長所

出回り時期

Arrange memo

日もち：2週間程度
水揚げ：水切り
注意点：花がポロポロと散りやすいので、枝を振って散りかけた花を落としてから使う
相性のいい花材：
プロテア（P.144）
ウーリーブッシュ（P.220）

アレンジ実例

短く枝分けしたピンクのワックスフラワーをティーカップにたっぷりと入れて愛らしく

全体のバランスを見て、細い葉を間引くとすっきりする

花びらにワックスを塗ったような質感がある

ワレモコウ
Burnet bloodwort

シックな色味の花が秋らしい風情を醸し出す。茎が折れないよう注意して

昔から、和歌に詠まれることなども多く、秋の野を代表する花。茎の先に咲くのは、実のように見えますが、小さな花が集まった花穂。黒っぽい赤や茶色はシックな印象です。

もちろん似合いますが、洋風の花と合わせても意外とモダンになります。枝分けして使う際、細い茎が折れないようていねいに扱いましょう。ススキやコギク、リンドウなどと一緒に和風のアレンジに入れるのもおすすめ。

実のように見える花穂。よく見ると、小花が集まっている

小さな花が引き立つように、葉は落として使うのがおすすめ

Arrange memo

日もち：7〜10日
水揚げ：水切り、湯揚げ
注意点：茎は折れやすいので、扱いはていねいに
相性のいい花材：
コスモス (P.68)
モカラ (P.158)

ドライフラワー

アレンジ実例

ころんと丸くて、土の風合いがあるつぼに、長短をつけて枝分けしたワレモコウを入れる

Data

植物分類：
バラ科ワレモコウ属
原産地：
アジア、ヨーロッパ
和名：
吾亦紅（ワレモコウ）、吾木香（ワレモコウ）
開花期：7〜10月
流通サイズ：
30cm〜1m程度
花の大きさ：小輪
価格帯：
150〜300円

花言葉
変化、移りゆく日々、愛慕

出回り時期

(月)

枝もの編

アオモジ

May Chang, Litsea cubeba

春一番に咲く花と
枝の緑色がさわやか。
レモンのような
香りも魅力

「アオモジ（青文字）」の名は、枝が青みがかった緑色をしていることからつきました。まだ冬のなごりを感じるような早春、葉に先立って淡い黄色の花を咲かせ、春の訪れを告げます。小さな実のような愛らしい花は、緑色の枝や葉とセットで用いられることも。

枝や花は、レモンのような香りがするのも特長。そのため枝は爪楊枝の原木として利

若々しくさわやかな印象を与えます。

淡い黄色の小さな花をつける

花材のほか香料に使われることもあるほど香りがいい

Arrange memo

日もち：2週間程度
水揚げ：水切り、根元割り
注意点：太いものは根元に割りを入れると水揚げがよくなる
相性のいい花材：
　カラー（P.48）
　スプレーマム（P.91）

Data

植物分類：
クスノキ科
ハマビワ属
原産地：
日本
和名：
青文字（アオモジ）
開花期：3〜4月
流通サイズ：
1〜1.5m程度
花の大きさ：小輪
価格帯：
300〜500円

花言葉

出回り時期

アカメヤナギ

Japanese pussy willow, Red bud pussy willow

光沢のある赤い芽が美しい。冬のアレンジに

光沢のある赤みを帯びた冬芽が美しいネコヤナギの仲間。寒い季節に出回り、正月向けのアレンジにもよく登場します。

白銀色のふわふわの綿毛が現れます。枝がやわらかくしなりやすいのも特長。曲線美を生かしたダイナミックなアレンジにもおすすめです。

出回る際には芽に赤い皮をかぶっていますが、その皮がむけると

枝は赤い面と緑色の面があるので、生ける際は赤い面を表にする

枝がやわらかくしなりやすい

芽に赤い皮がかぶった状態で出回るが、皮の下には銀白色の綿毛が

Data

植物分類：
ヤナギ科ヤナギ属
原産地：
日本
和名：赤目柳
（アカメヤナギ）
振袖柳
（フリソデヤナギ）
開花期：2〜4月
流通サイズ：
1〜1.5m程度
芽の大きさ：小
価格帯：
150〜250円

花言葉
強い忍耐

出回り時期

Arrange memo

日もち：2週間程度
水揚げ：水切り、根元割り
注意点：太いものは根元に割りを入れると水揚げがよくなる
相性のいい花材：
キンギョソウ (P.57)
ハボタン (P.119)

ウンリュウヤナギ

Hankow willow, Corkscrew willow, Pekin willow

「ウンリュウヤナギ（雲竜柳）」という名のとおり、雲の中を進む竜のようにくねくねとねじれた枝が個性的。その造形的なカーブが、ダイナミックな動きを演出します。

枝はやわらかくしなりやすいので、リースのベースとしての利用も。花も葉もない状態で出回りますが、そのまま水に浸けておくと葉が出て花が咲くことも。

細い枝はしなりやすく扱いやすい

束ねたり、カーブをつけたりと、いろいろな使い方ができる

造形的な枝ぶりがアレンジをダイナミックにする

Arrange memo

- 日もち：2週間以上
- 水揚げ：水切り
- 注意点：水がない状態でも使える
- 相性のいい花材
  - **アマリリス**（P.24）
  - **グラジオラス**（P.59）

ドライフラワー

|アレンジ実例

チェック模様の洋風な器にどっさり入れて。枝先を一方向に流すとすっきり見える

Data

- 植物分類：ヤナギ科ヤナギ属
- 原産地：中国
- 和名：雲竜柳（ウンリュウヤナギ）
- 開花期：4〜5月
- 流通サイズ：1〜2m程度
- 花の大きさ：小輪
- 価格帯：400〜800円
- 花言葉：素早い対応
- 出回り時期

キイチゴ
Bramble

つややかな緑色の葉は、切れ込みが入り、赤ちゃんの手のひらのようなかわいらしい形をしています。春から夏にかけての葉は青々として勢いがあり、アレンジにナチュラルなボリューム感をプラス。秋が深まる頃には紅葉し、秋が深まる頃にはオレンジ色、黄色、赤の美しいグラデーションに。季節感を演出する花材として重宝します。

秋になると紅葉した葉が出回る

切れ込みのある葉がかわいい！秋の紅葉も美しい

水切り後に深水に浸けるか、切り口を焼く

Data
植物分類：
バラ科キイチゴ属
原産地：
西アジア、アフリカ、ヨーロッパ、アメリカ
和名：
木苺（キイチゴ）
開花期：3～5月
流通サイズ：
50cm～1m程度
花の大きさ：小輪
価格帯：
300～500円

花言葉
愛情、謙遜、尊重される

出回り時期
（月）

Arrange memo
日もち：2週間前後
水揚げ：水切り、深水、燃焼
注意点：水揚げが悪いので水切り後に深水に浸けておくか、切り口を焼く
相性のいい花材：
トルコギキョウ (P.107)
ダリア (P.95)

押し葉

クジャクヒバ

Hinoki, Japanese cypress

クジャクの羽のような
密生した枝葉が美しく、
森を思わせる香りも魅力

数多くあるヒノキの変種のひとつ。左右対称に密生する枝葉は、クジャクの羽のようにも見えます。森を思わせるすがすがしい香りも魅力です。青々とした緑色の葉をもつ品種のほか、冬になると葉が黄金色になる「オウゴンクジャクヒバ」（写真）という品種も人気です。枝はしなりやすいので、リースのベースとしてもおすすめ。12月になると、クジャクヒバに松かさをアレンジしたクリスマスリースもよく登場します。そのままドライフラワーになります。

密生しすぎた枝葉は刈り込んでから使う

Arrange memo

日もち：2～3週間以上
水揚げ：水切り
注意点：枝葉が重いので適度に刈り込んでから使用するとよい
相性のいい花材：
ヒムロスギ（P.190）
モミ（P.195）

ドライフラワー　精油

アレンジ実例

同じ針葉樹のヒムロスギやモミとクリスマスリースに。葉先の明るい色が効いている

Data

植物分類：
ヒノキ科ヒノキ属
原産地：
日本
和名：
孔雀檜葉
（クジャクヒバ）
開花期：3～4月
流通サイズ：
50cm～1.2m程度
花の大きさ：——
価格帯：
300～400円

花言葉
忍耐、悲しみ

出回り時期
（月）

コデマリ

Reeves spirea

白い小花が手毬のように半球状に集まって咲き、それがひとつの花のように見えます。細い枝は花の重みでしなり、ゆるやかな弧を描くように。その流れるようなラインは、アレンジに軽やかな動きを生み出します。和洋どちらのアレンジにもよく合います。花だけでなく、小粒のつぼみもかわいらしい表情。青々とした葉はグリーンとしても使えます。秋には赤く色づいた葉も出回ります。

開花前のつぼみの表情も楽しめる

花の向きに表裏があるので枝の向きに注意して生ける

Data

植物分類：
バラ科シモツケ属
原産地：
中国
和名：
小手毬（コデマリ）、
鈴懸（スズカケ）、
団子花（ダンゴバナ）
開花期：4～5月
流通サイズ：
50cm～1m程度
花の大きさ：小輪
価格帯：
300～500円
花言葉
優雅、品位、
努力、友情
出回り時期

Arrange memo

日もち：7～10日
水揚げ：水切り、深水、根元割り
注意点：水揚げが悪いときは切り口に割りを入れる。開花後は花びらが散りやすいのでまめに拾う
相性のいい花材：
チューリップ（P.97）
フリージア（P.140）

アレンジ実例

枝分けして短くしたコデマリをグラスに。花が正面を向くよう枝向きに気をつけて生ける

手毬のような花と優雅な枝のラインが女性らしい存在感を

サクラ

Japanese cherry, Japanese flowering cherry

春を象徴し、日本人に古くから愛されている桜。花見の定番品種でもあるソメイヨシノ以外にも、切り花としていくつかの品種が出回ります。年末から登場する「ケイオウザクラ」（写真）、彼岸の頃に開花する「ヒガンザクラ」などの順に開花します。有名な「ソメイヨシノ」、八重咲きの「ヤマザクラ」の順に、4月末ごろまで出回ります。和花の代表格ではありますが、バラなどの洋花と合わせて短く使えば、洋風のアレンジにも。春を演出する華やかな花材として幅広く使えます。

春の訪れを告げるお花見で定番の花。和洋どちらのアレンジにも

5分咲きくらいのものを選ぶと花びらが傷まず、長く楽しめる

色づいたつぼみが多くついたものを選ぶ

水揚げがよくないので切り口には割りを入れる

Arrange memo

日もち：7～10日
水揚げ：水切り、根元割り
注意点：水揚げがよくないので、切り口に割りを入れる
相性のいい花材：
スイートピー (P.80)
ラナンキュラス (P.164)

押し花

Data

植物分類：
バラ科サクラ属
原産地：
日本
和名：
桜（サクラ）
開花期：2～4月
流通サイズ：
50cm～1.5 m程度
花の大きさ：小・中輪
価格帯：
400～2,000円

花言葉
純潔、淡白、精神美、優れた美人

出回り時期

サンゴミズキ

Tartarian dogwood, Siberian dogwood

サンゴのような真っ赤な枝は冬のアレンジに活躍

秋から冬にかけて、落葉したあとの枝がサンゴのように赤く色づきます。その赤さから、クリスマスやお正月の時季に多く出回る枝もののひとつです。枝はやわらかいのでよくしなりますが、折れやすいので扱いには注意を。リースのベースとしても使えます。まっすぐに伸びた枝は、高さがあるアレンジや、縦のラインを強調したいときなどに重宝。

よくしなるのでアレンジしやすい

枝は折れやすいので扱いに注意する

Arrange memo

日もち：7〜10日
水揚げ：水切り
注意点：しなりやすいが枝先が折れやすいので注意して扱う
相性のいい花材：
チューリップ（P.97）
モミ（P.195）

ドライフラワー

アレンジ実例

サンゴミズキの赤い枝に合わせて、フリンジ咲きの赤いチューリップを

Data

植物分類：
ミズキ科ミズキ属
原産地：
日本、朝鮮、台湾、中国、シベリア
和名：
珊瑚水木
（サンゴミズキ）
開花期：5〜6月
流通サイズ：
1〜1.5m程度
花の大きさ：小輪
価格帯：
200〜300円

花言葉
洗練

出回り時期
（月）

セッカンスギ
Japanese cedar

白っぽい枝先が雪景色を思わせる。クリスマスのアレンジに

「セッカンスギ」（雪冠杉）の名は、枝先が白っぽくて、薄く雪をかぶっているように見えることからつきました。クリスマスのアレンジやリースなどにもよく使われます。

また、葉は全体的に明るい緑色をしているので、アレンジに加えると全体が明るい印象に仕上がります。ほかのグリーンと色の対比を楽しんでも。

― Data ―
植物分類：
スギ科スギ属
原産地：
日本
和名：
雪冠杉（セッカンスギ）、黄金杉（コガネスギ）

開花期：3～4月
流通サイズ：
50cm～1m程度
花の大きさ：―
価格帯：
300～500円
―― 花言葉 ――
―― 出回り時期 ――

枝先が白っぽいので雪をかぶっているように見える

葉の明るい緑色がアレンジを引き立てる

Arrange memo

日もち：2週間以上
水揚げ：水切り
注意点：枝分けして、アレンジのすき間を埋めてもOK
相性のいい花材：
ブルニア（P.143）
ヒムロスギ（P.190）

ドライフラワー

184

ソケイ

Spanish jasmine, Royal jasmine, Catalonian jasmine

5～6月頃に黄色の小花をつけます。約300種あるジャスミンの仲間のひとつですが、花材として出回るソケイは、ハゴロモジャスミンのような強い芳香はありません。花のない時期も葉の濃い緑色が美しく、枝ものとして活躍。細い枝をしならせて流れるようなラインを作ったり、直立させて直線的な美しさを際立たせたり。枝の美しさを存分に活用しましょう。

流れるような枝のラインが表情豊か。濃い緑色の葉も美しい

Data

植物分類：
モクセイ科ソケイ属
原産地：
インド
和名：
素馨（ソケイ）
開花期：5～6月
流通サイズ：
30cm～1m程度
花の大きさ：小輪
価格帯：
300～500円

花言葉
可憐、愛らしさ、優美、清純、喜び

出回り時期

Arrange memo

日もち：2週間程度
水揚げ：水切り
注意点：不要な葉を整理して、枝のラインを際立たせる
相性のいい花材
シャクヤク（P.74）
ダリア（P.95）

葉を適度に整理すると美しい枝のラインが際立つ

枝はやわらかくしなりやすい

ツバキ

Camellia

茶花や生け花で愛される
日本情緒あふれる花木。
花が豪華なタイプも

古くから日本人に愛され、改良が進められてきた花木。江戸時代には神社仏閣などの植栽に多用され、多くの品種が誕生しました。豊富な花型や花色には、「わび・さび」といった日本特有の美意識が反映されています。おもに茶花としてや生け花の世界で好まれますが、ヨーロッパで改良された品種にはバラにも負けない豪華なタイプも。いずれも枝ぶりがいいものを選び、葉を適度に整理して花を際立たせて生けましょう。

葉は濡れた布で拭くとつややかに。表裏があるので注意する

愛らしい丸いつぼみもアレンジに生かして

| アレンジ実例 |

Arrange memo

日もち：3〜5日
水揚げ：水切り、根元割り
注意点：花びらは傷つきやすく、花首も折れやすいのでていねいに扱う
相性のいい花材：
スプレーマム（P.91）
サンキライ（P.203）

縦長の花器にツバキの枝を入れ、少量のサンキライを添えて赤をアクセントに

花びらが傷つきやすく、花首が折れやすいので注意して扱う

Data

植物分類：
ツバキ科ツバキ属
原産地：
日本、朝鮮半島、中国
和名：椿（ツバキ）
開花期：2〜4月
流通サイズ：
30cm〜1.5m程度
花の大きさ：
中・大輪
価格帯：
200〜800円
花言葉：
控えめな愛、
気取らない美しさ、
理想的な愛情、
高潔な理性、
おしゃれ

出回り時期

186

ドウダンツツジ

Doudan-tsutsuji

もともとは山に自生する植物ですが、庭木としてもポピュラーな存在。秋の紅葉を楽しむために、あちこちの花壇で育てられています。花材としても広く出回っています。真っ赤に色づく紅葉の時期の葉も魅力です。

が、みずみずしい緑色の新芽もさわやか。花材として出回るものには普通、花はついていませんが、新芽の時期には、壺を逆さにしたような形の小さな白い清楚な花が房のように垂れて咲くことも。

緑色の新芽がさわやかな印象を与える

秋になると葉が赤く紅葉したものが出回る

春は清楚な小花と新芽の若緑色、秋は紅葉の赤が美しい

Data

植物分類：
ツツジ科ドウダンツツジ属
原産地：
日本
和名：
燈台躑躅（ドウダンツツジ）、満天星（マンテンセイ）
開花期：3〜5月
流通サイズ：
50cm〜1.2m程度
花の大きさ：小輪
価格帯：
300〜500円

花言葉
節制

出回り時期

Arrange memo

日もち：1〜2週間
水揚げ：水切り、根元割り
注意点：水揚げが悪い時は切り口に割りを入れる
相性のいい花材：
ケイトウ (P.66)
ユリ (P.160)

アレンジ実例

枝先の紅葉した部分をカットしたドウダンツツジと同系色のケイトウを白い皿にアレンジ

ナンテン

Nandina,Heavenly bamboo

日本の山地に自生する植物。名前の音が「難を転ずる」に通じることから、お正月や祝いごとの縁起木としても重宝されています。雪国では、子どもたちが赤い実を目に、葉を耳に見立てた雪うさぎを作る風習も。

葉は細長いシルエットで繊細な印象。秋には赤く紅葉し、熟した赤い実を囲むようにして引き立てます。赤い実がポピュラーですが、黄色や白の実をつける品種もあります。

祝いごとに使う縁起木。
美しい赤い実と葉が
アレンジの彩りをアップ

実がポロポロと落ちやすいので注意する

特に冬は枝が乾燥して折れやすくなる

Arrange memo

日もち：10日程度
水揚げ：水切り、根元たたき
注意点：枝は硬くてもろい。特に冬は折れやすいので扱いはていねいに
相性のいい花材：
シンビジウム (P.79)
アカメヤナギ (P.177)

Data

植物分類：
メギ科ナンテン属
原産地：
東南アジア、日本、中国
和名：
南天（ナンテン）
開花期：6〜7月
流通サイズ：
60cm〜1m程度
花の大きさ：小輪
価格帯：
800〜1,000円

花言葉
私の愛は増すばかり

出回り時期

188

ヒイラギ
Chinese holly

個性的なシルエットの葉は
クリスマスや
節分のアレンジに

乾燥すると葉が散りやすいので、霧吹きで湿らせる

トゲのある葉のシルエットが特徴的。赤い実をつけるものもありクリスマスのアレンジによく使われます。節分には、ヒイラギの小枝にイワシや小魚の頭を刺して厄払いをする風習が残っている地方もあります。
さわると痛いほどの鋭いトゲがあるものから、丸みをおびたトゲのない葉のものまで、多くの品種があります。老木になると、トゲが鈍く葉が広くなります。

葉の周囲にはギザギザのトゲがあり、さわると痛い

葉が重なっているところは適度に整理すると見栄えがいい

Data

植物分類：
モクセイ科
モクセイ属
原産地：
日本、台湾
和名：
柊（ヒイラギ）
開花期：11月
流通サイズ：
30〜80cm 程度
花の大きさ：小輪
価格帯：
200〜500円
花言葉
先見の明、歓迎、用心、剛直
出回り時期

Arrange memo

日もち：7〜10日
水揚げ：水切り
注意点：乾燥すると葉が散りやすいので霧吹きなどで水分補給を
相性のいい花材：
バーゼリア（P.116）
シロタエギク（P.225） ドライフラワー

ヒムロスギ ヒメムロ

Sawara cypress

青みがかった葉色が美しい。アレンジやリースに使って冬らしいムードを演出して

日本に自生する常緑樹。特にクリスマスシーズンの花材として、アレンジやリースなどに多く使われます。細い針のような線状の葉は、青っぽい緑色。水がなくても長もちします。

1カ月ほどで色あせますが、1カ月ほどで退色します。緑色に着色したドライフラワーやプリザーブドフラワーも出回っているので、長期間楽しみたい時はそちらもおすすめです。

- 1カ月ほどで色あせる
- 葉は青みがかった緑色をしている

Arrange memo

日もち：1カ月以上
水揚げ：水切り
注意点：リースなど、水がない状態でも使える
相性のいい花材：
ヒイラギ（P.189）
バラ（P.120）

ドライフラワー

アレンジ実例

ヒムロスギで作ったクリスマスツリーのアレンジ。形を整え、器にセットした吸水性スポンジに挿す

Data

植物分類：ヒノキ科ヒノキ属
原産地：日本
和名：姫榁杉（ヒムロスギ）
開花期：—
流通サイズ：50〜80cm程度
花の大きさ：—
価格帯：300〜500円

花言葉：—

出回り時期：12, 1, 2, 3, 4, 11, 10, 9, 8, 7, 6, 5（月）

ボケ
Flowering quince

ふんわりとした小ぶりの花が上品。早春に出回る花木

力強く分岐した枝に、ふんわりと丸い小花が開花。春を待たず、まだ寒い正月シーズンから出回ります。

色、濃紅色、複色など、バラエティ豊か。紅白の花をひと枝に咲かせる品種もあり、祝いの席などで好まれます。花もちがよく、水揚げをしっかりすればつぼみも咲きます。

多くの品種があり、一重や八重、半八重の花も。花色も白や薄紅花も。

Data
植物分類：
バラ科ボケ属
原産地：
中国
和名：
木瓜（ボケ）、毛介（モケ）
開花期：1〜3月
流通サイズ：
50cm〜1m程度
花の大きさ：小・中輪
価格帯：
500〜800円

花言葉
熱情、妖精の輝き、先駆者、指導者、平凡

出回り時期
12 1 2
11　　3
10　　4
9　　5
(月) 8 7 6

Arrange memo
日もち：7〜10日
水揚げ：水切り、根元割り
注意点：トゲがあるので扱いに注意する
相性のいい花材：
スイセン（P.81）
スプレーマム（P.91）

アレンジ実例

温かみのある陶器の白いカップに、ボケの花やつぼみがついた部分を短く切って入れた小さなアレンジ

花がポロポロと散りやすいのでていねいに扱う

枝はトゲがあるものも。扱いには注意する

マツ

Pine

まっすぐ上に伸びる樹形は生命力や未来を象徴。正月や祝いごとに利用される

日本の野山に自生し、日本人にとってなじみ深い代表的な樹木。一年中青々とした緑を保つことから、古くから健康や長寿の象徴として、暮らしの中で親しまれてきました。まっすぐ上に向かって伸びるその姿に子孫繁栄や未来への発展の祈願を込め、正月や祝いごとの花材としてもよく利用されます。アレンジに一本添えるだけで、全体の風格がぐんとアップします。長もちするのも魅力的。

Arrange memo

- 日もち：1カ月以上
- 水揚げ：水切り
- 注意点：切り口からヤニが出るので、アルコールでふき取る
- 相性のいい花材
  - **キク**（P.52）
  - **センリョウ**（P.206）

精油

アレンジ実例

花器と水引を金色にするだけで、少ない花材でも、格式高いお正月アレンジが完成する

ワカマツ（若松）

出たヤニはアルコールでふき取ってから生ける

切り口からヤニが出るので、衣服につかないよう注意して扱う

Data

- 植物分類：マツ科マツ属
- 原産地：北半球
- 和名：松（マツ）
- 開花期：4月
- 流通サイズ：30cm〜1m程度
- 花の大きさ：—
- 価格帯：200〜1,500円
- 花言葉：不老長寿、永遠の若さ、向上心、勇敢、同上、慈悲
- 出回り時期：（月）

マツ品種カタログ

葉が5本ずつまとまってつくことから「ゴヨウマツ（五葉松）」と名づけられた

松の中でもっとも長い葉をもつ「ダイオウショウ（大王松）」

種類によってさまざまな葉。左から若松、蛇の目松、五葉松

葉の部分が緑と黄色のまだら（蛇の目）になっている「ジャノメギク（蛇の目菊）」

アレンジ実例

ワカマツ（若松）、クリスマスブッシュ、サンキライ、シロタエギクなどを入れたお正月アレンジ

ミモザ

Mimosa

愛らしい小花が枝いっぱいに開花。春の訪れを告げる花

丸く黄色い小花をふわふわと枝いっぱいに咲かせ、ロマンチックな印象を与えます。春を象徴する花として世界各地で愛され、フランスではミモザ祭りが開催されるほどです。多くの品種がありますが、日本でよく出回っているのは「ミモザアカシア」。ふさふさとした白っぽい葉が優しい表情で、花が終わったあとはグリーンとして出回ることも。

つぼみは咲きにくいので開いた花が多いものを入手する

花が落ちてしまうので風に当てないこと

Arrange memo

- 日もち：1〜3日
- 水揚げ：水切り、燃焼、根元たたき
- 注意点：水揚げが悪い時は切り口をたたくか割りを入れる。花が散りやすいので風に当てない
- 相性のいい花材：
  - アイスランドポピー (P.12)
  - チューリップ (P.97)

ドライフラワー　ポプリ

アレンジ実例

真っ青な空のような水色の花器にミモザをたっぷりと。日当たりのいい場所が似合う

Data

- 植物分類：マメ科アカシア属
- 原産地：オーストラリア
- 和名：銀葉（ギンヨウ）アカシア
- 開花期：1〜4月
- 流通サイズ：30cm〜1m程度
- 花の大きさ：小輪
- 価格帯：300〜500円
- 花言葉：友情、感情的
- 出回り時期

モミ

Fir

木の香りが芳しいクリスマスシーズンを代表する枝もの

冬の間もしっかりと緑色の葉を保つ、常緑の針葉樹。松の木の仲間で、新鮮な枝はすがすがしい香りがします。クリスマスツリーに利用されることでも有名。小枝はツリー以外にもリースの材料やアレンジのグリーンとして使っても、クリスマスらしさを演出できます。乾燥すると葉が落ちたり変色したりしやすいので、まめに霧吹きなどで湿らせましょう。

Arrange memo

日もち：1カ月以上
水揚げ：水切り
注意点：切り口からヤニが出るので、アルコールでふき取る。乾燥しないようまめに霧吹きで湿らせる

相性のいい花材：
アマリリス（P.24）
ヒムロスギ（P.190）

ドライフラワー　精油

アレンジ実例

皿に吸水性スポンジをセットして、枝分けしたモミやヒムロスギ、オリーブの実をクリスマス風に

しなりやすいのでリースとしても利用できる

霧吹きで湿らせて乾燥を防ぐと長もちする

Data

植物分類：
マツ科モミ属
原産地：
日本
和名：
樅（モミ）
開花期：4〜6月
流通サイズ：
30cm〜1m程度
花の大きさ：——
価格帯：
300〜800円

花言葉
時間、時、真実、高尚、昇進

出回り時期
12, 1, 2, 3（月）

モモ

Peach

ひな祭りには欠かせない花材。日本や中国では、古来より邪気を払う力があると信じられてきた神聖な木です。その品種は豊富で、ポピュラーなピンク色の花を咲かせる「大矢口（オオヤグチ）」のほか、同じ枝に紅白の花を咲かせる「源平（ゲンペイ）」、菊に似た輪状の花を咲かせる「菊桃（キクモモ）」など桃状の花を咲かせる「菊桃」がよく出回ります。枝はしなりにくいため、生けるときはそのままで。無理に曲げようとすると花が散るので注意しましょう。

ふっくらとした小花のピンクが愛らしいひな祭りの花

切り花用に開花を早めたものは花が散りやすい

切り花延命剤を使うとつぼみまで咲きやすい

鮮やかなピンクの八重咲き品種

枝はしなりにくい。無理に曲げないこと

Arrange memo

日もち：7〜10日
水揚げ：水切り、根元割り
注意点：切り口に割りを入れると長もちする
相性のいい花材：
スイートピー (P.80)
ナノハナ (P.113)

Data

植物分類：バラ科サクラ属
原産地：中国
和名：桃（モモ）、花桃（ハナモモ）
開花期：2〜4月
流通サイズ：50cm〜1m程度
花の大きさ：小・中輪
価格帯：400〜700円

花言葉
気立てのよさ、チャーミング、あなたに首ったけ、恋の奴隷

出回り時期

ヤドリギ
Mistletoe

プロペラのような葉がキュート！
クリスマスのシンボル的な花材

ブナやナラなどの落葉広葉樹に半寄生する植物。宿主となる木の枝先に、鳥の巣のような茂みを宿すことから、その名がつきました。ヨーロッパでは聖なる木と信じられ、夫婦の和解の象徴とされます。この木の下でキスをすると幸せになれるという言い伝えも。

ゴムのような質感の茎にプロペラのような葉をつけた小枝は、クリスマスの飾りとしてポピュラー。白や熟して赤くなった実をつけた小枝も出回ります。

乾燥すると葉がポロポロと落ちてしまうので注意する

先端の枝分かれした部分に黄緑色の実をつける

上手に水揚げをすると1カ月近く長もちする

Data
植物分類：
ヤドリギ科
ヤドリギ属
原産地：
ヨーロッパ、日本
和名：
寄生木（ヤドリギ）
流通サイズ：
30～40cm 程度
価格帯：
200～400円
花言葉
困難を克服する、征服
出回り時期
（月）

Arrange memo
日もち：3～4週間
水揚げ：水切り
注意点：乾燥すると葉が落ちやすいので、霧吹きでまめに湿らせて
相性のいい花材：
アマリリス (P.24)
カーネーション (P.41)

▶アレンジ実例

白い花をグループに分けて入れたアレンジ。ヤドリギの中間色が白とグリーンをつなぐ

ユキヤナギ

Thunberg spirea

弓状にしなって垂れた細い枝にびっしりと白い小花をつけて咲き、その姿はあたかも雪が降り積もったヤナギのよう。和の情緒が楽しめる早春の花木として、園芸でも人気です。満開を過ぎると、花がパラパラと散りやすくなるので扱いに注意。飾る場所も考慮しましょう。花が終わったあとの新芽や葉の緑色も美しく、夏や秋にグリーンとして流通することも。

満開の小花が枝をびっしりと覆う姿は雪が積もったよう

満開を過ぎると花がどんどん散るので注意

花と葉は枝の表側にだけついているので、枝ぶりをよく見て生ける

Arrange memo

日もち：7〜10日
水揚げ：水切り、根元割り
注意点：切り口に割りを入れると長もちする
相性のいい花材：
スイートピー（P.80）
フリージア（P.140）

Data

植物分類：バラ科シモツケ属
原産地：日本、中国
和名：雪柳（ユキヤナギ）
開花期：3〜4月
流通サイズ：70cm〜1.2m程度
花の大きさ：小輪
価格帯：200〜300円

花言葉
殊勝、愛嬌、気まま、自由

出回り時期

198

ライラック
Lilac

枝の先端に、紫色や白の穂状の花が咲きます。美しい花姿や独特の甘い芳香が好まれ、ヨーロッパでは公園や庭先によく植えられます。国産品種の切り花は、5～6月頃に葉つきのものが出回りますが、ハート型でかわいらしい印象ですが、葉のない状態で出回ることも。枝は太く固いため、しなりません。

輸入ものは、花と枝だけで葉のないものが主流です。一重咲きのほか、八重咲きの品種もあります。

ふんわり穂状の花が華やか 甘くロマンチックな香りも魅力

- 太くて硬い枝は切りにくい
- 先が十字に分かれた筒状の小花が集まって咲く
- 水が下がりやすいので切り口に割りを入れ、深水に浸ける
- 枝分けしたライラックをグラスに入れ、グラスの口元にウンリュウヤナギを巻きつける
- 白い花は清楚な印象

Data
植物分類：モクセイ科シリンガ属
原産地：東ヨーロッパ
和名：紫丁香花（ムラサキハシドイ）
開花期：4～5月
流通サイズ：30cm～1m程度
花の大きさ：小輪
価格帯：500～1,200円
花言葉：友情、思い出、初恋の感激、愛の芽生え、青春の喜び、無邪気
出回り時期

Arrange memo
日もち：3～7日
水揚げ：水切り、燃焼、根元割り
注意点：切り口に割りを入れると長もちする
相性のいい花材：
スノーボール (P.90)
カーネーション (P.41)

アレンジ実例

ロウバイ

Winter sweet

> ロウを引いたような
> 半透明の花びらが可憐！
> ほのかな香りが
> 春を告げる

まだ寒さが厳しい早春に、かわいい黄色の花を咲かせます。漢字で「蝋梅」と書く名前のとおり、黄色の花弁は半透明をしたロウのような質感をしています。「梅」とありますが、バラ科の梅とは別の品種。江戸時代の初めに中国から伝来して、庭木や切り花として親しまれてきました。ほのかな芳香もあり、アレンジに早春の息吹をもたらします。

花がポロポロと散りやすいのでていねいに扱う

枝が折れやすいので扱いに注意する

半透明の質感はまるでロウ細工の花のよう

枝に葉はなく、花とつぼみだけがつく

Arrange memo

- 日もち：1週間程度
- 水揚げ：水切り
- 注意点：枝が折れやすいので注意
- 相性のいい花材：
  ヤグルマギク (P.159)
  マツ (P.192)

Data

植物分類：
ロウバイ科
ロウバイ属
原産地：中国
和名：
蝋梅（ロウバイ）
開花期：2〜3月
流通サイズ：
70cm〜1.5m程度
花の大きさ：中輪
価格帯：
500〜1,200円程度

— 花言葉 —
奥ゆかしい、慈愛心、
慈愛に満ちた人

— 出回り時期 —
（月）

実もの編

コニカルブラック

Conical black

ツヤツヤで普通の大きさの梅干しくらいの真っ黒な実がつく観賞用トウガラシの一種。種類は、葉を全部取って出荷されるのが一般的。コニカルブラックも例外ではありません。実が茎の先端に集まってついているので、1本入れるだけでまとめて入れているように見えて便利です。

実の色は最初が緑色で、いきなり黒くなり、終わる頃には赤やオレンジ色に変化していきます。その不思議な色の変化も楽しい植物の鑑賞用トウガラシの一種です。

黒くてツヤツヤした実はピーマンのような匂いがする

ツヤツヤと輝く黒い実がアレンジを引き締める

Arrange memo

日もち：10日〜2週間
水揚げ：水切り
注意点：実がよく見えるようアレンジの低い位置に入れる
相性のいい花材：
オーニソガラム（P.38）
カラー（P.48）

ドライフラワー

葉は取り除いた状態で出回る。そのままドライにもなる

Data

植物分類：
ナス科トウガラシ属
原産地：
熱帯アフリカ
和名：
唐辛子（トウガラシ）
流通サイズ：
30〜50cm程度
実の大きさ：大
価格帯：
200〜300円

花言葉
旧友、嫉妬、生命力

出回り時期

202

サンキライ

Catbrier

サルトリイバラ

花屋さんなどでは「サンキライ」の名が浸透していますが、「サルトリイバラ（猿捕茨）」の別名も。つる性の枝にはトゲがあり、野山を走り回るサルが引っかかって捕えられることからついたのだとか。枝は節ごとに折れ曲がり、分枝した先に10数個の実が放射状に集まってきます。写真は、秋冬に出回る赤い実。クリスマスリースなどによく使われます。夏になると青い実と葉がついたものも出回ります。

つる性の枝は節ごとに折れ曲がりながら伸びる

枝には小さなトゲがあるので扱いに注意する

秋冬に出回る赤い実と夏に出回る青い実。リースにもおすすめ

Data

植物分類：
ユリ科シオデ属
原産地：
日本、中国、東アジア
和名：
山帰来（サンキライ）、猿捕茨（サルトリイバラ）
流通サイズ：
80cm〜1m程度
実の大きさ：中
価格帯：
300〜800円
花言葉：
不屈の精神、元気になる
出回り時期

実物大！

直径5〜8mmの丸い実が放射状につく

Arrange memo

日もち：10日〜2週間
水揚げ：水切り、深水
注意点：葉がついた枝は水が下がりやすいので深水に浸けてから使う
相性のいい花材：
サンゴミズキ（P.183）
モミ（P.195）

ドライフラワー

アレンジ実例

夏になると出回る青い実のサンキライを陶器の器にあしらって。丸い葉も愛らしい

シンフォリカルポス
Snowberry

枝の先につく
パールのような実が
ウエディングでも人気

細い枝の先に小さな花を咲かせ、花が終わると実を房状につけます。花屋さんなどには実をつけた状態で出回るのが一般的。白やピンクの実の甘く優しい雰囲気が好まれて、最近はウエディングブーケなどにもよく使われます。

ブーケに入れる場合は、乾燥すると黒っぽくなる葉は取り除いて使うことも。葉を少なくしたほうが、実の存在感が際立ちます。

直径1cmほどの実は、さわるとやわらかい

水切りしたあと、深水に浸けると水が下がりにくくなる

赤い実をつけるシンフォリカルポスをレースフラワーと合わせて、動きのあるアレンジに

Arrange memo

日もち：10日程度
水揚げ：水切り、深水
注意点：実は傷つきやすいので扱いはていねいに
相性のいい花材：
バラ（P.120）
レースフラワー（P.171）

アレンジ実例

Data

植物分類：
スイカズラ科
シンフォリカルポス属
原産地：
北アメリカ
和名：
雪晃木
（セッコウボク）
流通サイズ：
70～80cm程度
実の大きさ：小
価格帯：
200～300円
花言葉
いつまでも
献身的に、
かわいい
出回り時期

204

スグリ フサスグリ

Currant, Gooseberry

透明感のある赤い房状の実が初夏のアレンジに映える

初夏になると出回るナチュラルな実ものです。ルビーのような、透明感のある赤い小さな実をブドウのように房状につけます。花が少なくなる夏に、貴重なアクセントカラーになります。切れ込みのある青々した葉も涼しげなので、生かして使いましょう。少し間引いて、せっかくの実が葉の中に埋もれないよう注意して。水揚げがよくない時は、切り口に十字の切り込みを入れましょう。

小さな赤い実がブドウのように房状につく

広げた手のひらのような葉

葉は乾燥すると変色して落ちるので、あらかじめ間引いておく

Data
植物分類：
ユキノシタ科スグリ属
原産地：
ヨーロッパ
和名：
酸塊（スグリ）
流通サイズ：
50cm〜1m程度
実の大きさ：小
価格帯：
300〜500円

花言葉
幸福が訪れる、予想、私はあなたを喜ばせる

出回り時期
（月）

Arrange memo
日もち：5〜7日
水揚げ：水切り、根元割り
注意点：葉が多い時は、多少間引くと水揚げがよくなる。水揚げがよくない時は、切り口に十字の切り込みを入れる。
相性のいい花材：
トルコギキョウ (P.107)
ユリ (P.160)

センリョウ
Senryou

お正月に欠かせない縁起のいい花材。洋風アレンジにも使える

「千両」という名前とつややかな赤い実から縁起ものとされ、お正月のアレンジなどには欠かせません。通常、センリョウは横に広がって育つのですが、切り花として出荷されるものは、茎がまっすぐになるよう1本1本矯正されて育てられます。非常に手がかかっているので、価格も安くないのです。寒すぎない場所なら1カ月くらいもちます。茎の先端を砕いたり、折ったりして断面積を広くすれば、さらに長もちします。和風ばかりではなく、洋風のアレンジにも合います。

- 実は衝撃を受けると落ちやすいのでていねいに扱って
- 葉の水が下がったら、新聞紙などでくるんで深水に浸ける
- 切り口を砕いたり、手で折ったりすると水揚げがよくなる

Arrange memo

- **日もち**：1カ月程度
- **水揚げ**：湯揚げ、根元たたき
- **注意点**：乾燥に弱いのでエアコンなどが直接当たらない場所に
- **相性のいい花材**：
  - キク（P.52）
  - マツ（P.192）

アレンジ実例

キセンリョウ

ナチュラルで小さなかごにマツとキセンリョウを。寒い玄関などに飾るとかなり長もち

Data
- **植物分類**：センリョウ科センリョウ属
- **原産地**：東南アジア、インド、台湾、日本
- **和名**：千両（センリョウ）
- **流通サイズ**：30〜60cm程度
- **実の大きさ**：小
- **価格帯**：300〜800円
- **花言葉**：富、財産
- **出回り時期**：（月）

ソラナム ハナナス

Blue potato bush

果実が鑑賞用のナス。ミニトマトのような実は白から黄色、赤へと変化する

果実が観賞用のナスは「ソラナム」、または「ハナナス」の名で出回ります。実の形はナスというよりミニトマトに似ていて、熟すにつれて白から黄色、オレンジ色、赤へと変色していきます。

大きなアレンジに枝ごと入れるとワイルドな雰囲気を出せますが、枝分けして入れるときは切り口があまり目立たないように。ほかの花材やグリーンで隠しましょう。

実物大！

直径2〜3cmの実は熟すと色が変わる

枝分けすると、白い切り口が目立つので注意

Data

植物分類：
ナス科ソラナム属
原産地：
アフリカ
和名：
平茄子（ヒラナス）
流通サイズ：
1m程度
実の大きさ：大
価格帯：
300〜500円
花言葉
あどけない
出回り時期

12 1
11 2
10 3
9 4
8 5
7 6
（月）

Arrange memo

日もち：5〜10日
水揚げ：水切り
注意点：実が多すぎる場合は、バランスよく間引いてから生ける
相性のいい花材：
ヒマワリ (P.132)
ヘレニウム (P.148)

ドライフラワー

ツルウメモドキ

Oriental bittersweet

オレンジ色の実と
曲がったつるの表情を
両方楽しめる

たわわにつくオレンジ色の実を鑑賞する秋らしい花材。つる性の植物ですが、しなやかで扱いやすいので、くるくると丸めてリースなどにしても。そのままドライにもなります。熟すと3枚に割れてはじける外側の皮の中からオレンジ色の実が入っています。

現れますが、これは仮種皮と呼ばれるもの。さらにこの中に小さく地味な本当の実（種）が入っています。

外側の緑色の皮が
はじけて、中から
オレンジ色の実が
現れる

Arrange memo

日もち：2週間程度
水揚げ：水切り
注意点：実がポロポロと落ちやすいので扱いはていねいに
相性のいい花材：
ヒマワリ (P.132)
リンドウ (P.168)

ドライフラワー

アレンジ実例

つる性植物なので
曲がったラインを
楽しめる

熟す前の青い実をつけたツルウメモドキのラインを生かし、ヒマワリは短くして根元に

Data

植物分類：
ニシキギ科
ツルウメモドキ属
原産地：
日本、朝鮮
和名：
蔓梅擬
（ツルウメモドキ）
流通サイズ：
1～1.5m 程度
実の大きさ：小
価格帯：
500～800円

花言葉
真実、強運、開運、
努力、大器晩成

出回り時期

（月）

バラの実 Rose hip
ローズヒップ

花が終わったあとの実も人気のバラ。和にも洋にもアレンジできる

花の女王ともいえるバラは、花が終わったあとの実も人気。緑色の実から熟した赤い実まで、葉をはずした枝の状態で出回ります。代表的なものは、ノイバラの実とスズバラ。小さなノイバラの実は、夏の終わり頃から緑色のものが出回り、秋になると赤い実も出回ります。スズバラは、秋を代表する実もの。鈴のようになる赤い実が、季節感を演出してくれます。

Data
植物分類：
バラ科バラ属
原産地：
北半球
和名：
薔薇の実
（バラノミ）
流通サイズ：
50cm～1m程度
実の大きさ：小
価格帯：
300～500円

花言葉
正義感、誠実、無意識の美、悲しくそして美しく

出回り時期
（月）7～12

Arrange memo
日もち：2週間程度
水揚げ：根元たたき
注意点：トゲがあるものは取り扱いに注意する
相性のいい花材：
パンパス（P.131）
紅葉した
ドウダンツツジ（P.187）

ドライフラワー

アレンジ実例
さまざまな形や大きさのガラスびんを並べ、バラの実とコスモスをさりげなく入れて

ノイバラの実。直径5～6mmと小さく、赤い実のほか、緑色の実も出回る

スズバラ。直径1.5cmくらいの赤い実が鈴のようにぶら下がってつく

ヒオウギ

Blackberry lily

「ヒオウギ」という名は、葉が檜扇（ひおうぎ）を広げたような形につくことからつけられました。夏にオレンジ色の花を咲かせますが、花が終わったあとに、縦型の風船のような実をつけた状態で出回ることが多いようです。実をひとつにまとめてアレンジに入れると、ちょっとユニークなアクセントになります。実がはじけ、真っ黒な種子がついた状態でドライ花材としても出回っています。

縦長の風船のような実がユニーク。
ひとつにまとめてアレンジに

実物大！

長さ3cmほどの実は薄緑色の風船のよう

葉ははずして、実だけをアレンジなどに使う

Arrange memo

日もち：5〜7日
水揚げ：水切り
注意点：茎を切ると出る白い液はかぶれることもあるので注意
相性のいい花材：
オーニソガラム（P.38）
グラジオラス（P.59）

ドライフラワー

Data

植物分類：
アヤメ科
ヒオウギ属
原産地：
日本、中国
和名：
檜扇
（ヒオウギ）
流通サイズ：
50cm程度
実の大きさ：大
価格帯：
200〜400円

花言葉
誠実、誠意、個性美

出回り時期

12 / 1 / 2 / 3 / 4 / 5 / 6 / 7 / 8 / 9 / 10 / 11 （月）

210

ビバーナム・ティヌス
ビバーナム・コンパクタ

Viburnum

春に白い花を咲かせますが、花材として出回るのは秋に出回る実もの。「ビバーナム・ティヌス」はメタリックに輝く濃い青紫色の実を、「ビバーナム・コンパクタ」は真っ赤な実をそれぞれつけます。どちらも「スノーボール」（90ページ）の仲間です。アレンジやブーケに入れる時は短めにカットし、実が目立つようにしましょう。どちらも水揚げはいいので、水切りだけで大丈夫です。

濃い青紫の実と真っ赤な実。どちらも宝石のよう

葉は楕円形であまり大きくはない

「ビバーナム・ティヌス」の濃い青紫色の実は直径約1cm。「青い真珠」とも呼ばれる

Arrange memo

日もち：1週間程度
水揚げ：水切り
注意点：アレンジなどに使う時は実が目立つよう短かめに
相性のいい花材：
ダリア（P.95）
リューカデンドロン（P.166）

ドライフラワー

アレンジ実例

水色のポットを花器にして、ビバーナム・ティヌスとリューカデンドロンをワイルドに

周囲に切れ込みが入った大きな葉

「ビバーナム・コンパクタ」の実は直径約1cm。緑色から黄色、オレンジ色、赤と変化する

Data

植物分類：
スイカズラ科
ガマズミ属
原産地：
東アジア、
ヨーロッパ
和名：──
流通サイズ：
50cm 程度
実の大きさ：小
価格帯：
300〜800円
花言葉
私を見つめて
出回り時期

（月）

ヒペリカム
Tutsan

ドングリのような形の実が愛らしい。
色のバリエーションも豊富

ドングリのような形をした実の下に緑色のガクをつけた形が特徴。実は枝分かれした先に上向きにつきます。ピンクやクリーム色、明るい緑色など、パステル調の淡い色から、可憐な野の花と合わせて、ナチュラルなアレンジやブーケに。赤や茶色など濃い色まで、バリエーションが豊富。しかも、実の色は熟するにつれて変化するので、微妙なグラデーションが入っているものもあります。

緑色のガクを残したまま実が熟する

大きな葉はグリーンとしてもアレンジで重宝する

湿気が多いと実や葉が黒ずんでくるので注意する

Arrange memo

日もち：1〜2週間
水揚げ：水切り
注意点：湿気が多いと実や葉が黒ずんでくるので、風通しのよい場所に飾る
相性のいい花材：
アルケミラモリス（P.27）
バラ（P.120）

アレンジ実例

同じ長さに切り揃えて、ティーカップいっぱいに。赤とグリーンのセットでクリスマスにもぴったり

実がグリーンのものも人気

Data

植物分類：
オトギリソウ科
ヒペリカム属
原産地：
北半球を中心とした温帯
和名：
小坊主弟切
（コボウズオトギリ）
流通サイズ：
30〜50cm程度
実の大きさ：中
価格帯：
200〜300円
花言葉
きらめき、
悲しみは続かない
出回り時期

（月）

フォックスフェイス

Nipple fruit

キツネの顔のような大きな実をつける。ハロウィンのアレンジなどにも

その名のとおり、まるでキツネの顔のような色や形をした実をぶらぶらとつけます。「ソラナム」(207ページ)と同じように、鑑賞用ナスの仲間です。

ので、秋の花材と合わせた大きなアレンジに入れると映えますが、ハロウィンのミニカボチャと組み合わせても。目鼻を描くなど、遊び心のある楽しい飾り方を工夫しましょう。

長い枝もので出回る

長さ7～10cmのキツネの顔のような実をつける

枝が太くて重いので、そのまま使うときはしっかり固定して

Arrange memo

日もち：1カ月以上
水揚げ：水切り
注意点：枝は太くて重いので、きちんと固定する
相性のいい花材：
ストレリチア (P.88)
キイチゴ (P.179)

アレンジ実例

黄色い実を切り離して、ヒムロスギや観賞用カボチャと一緒にハロウィンアレンジ

Data

植物分類：
ナス科ソラナム属
原産地：
中央・南アフリカ、熱帯アメリカ
和名：
角茄子（ツノナス）
流通サイズ：
1～1.5m程度
実の大きさ：大
価格帯：
500～700円

花言葉
偽りの言葉、私の想い

出回り時期
(月)

213

ブラックベリー
Blackberry

緑、赤、黒と、
3段階で出回る
人気のベリー

ツブツブの実が特徴。緑色から赤、黒へと変化する

ナチュラルなイメージが定着した人気のベリー。まだ若い緑色の実、赤く色づいた実、熟して黒くなった実と、3段階の状態で出回ります。熟してくるにつれて実が落ちやすくなるので、長く楽しみたいなら、しっかりした緑色の実のものがおすすめです。ナチュラルな花器やかごなどに、野山から摘んできたようにアレンジしましょう。

Arrange memo

日もち：1週間程度
水揚げ：水切り
注意点：茎にトゲがあるので扱いに注意する
相性のいい花材：
バラ (P.120)
マトリカリア (P.152)

アレンジ実例

葉は水が下がりやすいので、生ける前に整理しておく

茎にはトゲがあるので扱いに注意して

赤く色づいた実を真っ白な陶器に入れて、黒く熟していくのを楽しんで

Data
植物分類：
バラ科キイチゴ属
原産地：
北アメリカ
和名：
西洋薮苺
（セイヨウヤブイチゴ）
流通サイズ：
50cm〜1m程度
実の大きさ：中
価格帯：
300〜500円

花言葉
人を思いやる心、素朴な愛、孤独

出回り時期

12 1
11 2
10 3
9 4
8 5
7 6 （月）

214

ペッパーベリー

Pepper tree

美しいピンクはこの実ならでは。甘い雰囲気をプラスできる

香辛料として使われる「ピンクペッパー」はこの実のこと。美しいピンク色の実は、花材としても近年、人気がアップしています。実はほとんどが茎は生、実はドライの状態で出回るため扱いやすく、ドライリースなどに小分けして入れると、甘い雰囲気をプラスできます。実が重たくてアレンジなどに立てて使うのは難しいので、垂れ下がるように入れたり、短く小分けしたりして使いましょう。

茎はやわらかい状態で出回る

実はドライの状態で出回る

美しいピンクの実が房状につく

Arrange memo

日もち：2週間程度
水揚げ：不要
注意点：実が落ちないようていねいに扱う
相性のいい花材：
バラ（P.120）
カーネーション（P.41）

ドライフラワー

アレンジ実例

ピンクや赤のドライフラワーでリースを作り、花材のすき間を短く切ったペッパーベリーで埋める

Data

植物分類：
ウルシ科スキヌス属
原産地：
南アメリカ
和名：
胡椒木
（コショウボク）
流通サイズ：
20〜50cm程度
実の大きさ：小
価格帯：
300〜500円
花言葉：
輝く心
出回り時期

(月)

ミニパイン ヒメパイン

Ornamental ananas

姿形は果物のパイナップルにまさにそっくり。茎の先にミニサイズの果実をつけたものが、花材として出回っています。

また、1本をさりげなく空き缶や空きビンなどに飾っても様になります。

実がしぼんできたら、上部のグリーンの部分を切り取って、土に植えたら育つこともあります。

子どもも喜ぶので、誕生日や子どもの日など、行事のアレンジに使うのもおすすめです。テーブルに飾ったことがきっかけで、楽しい話題も弾みそう。

果実のついたユニークな姿は1本でも存在感大。子どもも喜びそう

茎の先につく実は本物のパイナップルのミニチュア版

乾燥に強く、そのままでドライになる

サンゴパイン

Arrange memo

日もち：10日程度
水揚げ：水切り
注意点：葉の縁にトゲがあるので、扱いに注意
相性のいい花材：
リューカデンドロン (P.166)
ルリタマアザミ (P.170)

ドライフラワー

アレンジ実例

花器として使ったのは植木鉢。吸水性スポンジをセットし、短く切ったミニパインを挿して

Data

植物分類：パイナップル科アナナス属
原産地：熱帯アメリカ
和名：——
流通サイズ：30～80cm程度
実の大きさ：中・大
価格帯：200～400円

花言葉
あなたは完璧、あなたは完全

出回り時期
（月）

グリーン 編

アイビー ヘデラ Ivy, English ivy

もちのよさや品種の豊富さに人気が集まるつる性のグリーン

観葉植物としても人気の花材。つる性で、葉の大きさや色、形、斑模様などのバリエーションが豊富です。葉もちがよいのもポイント。水が下がったら深水に浸けて。

霜にあたって紅葉した葉も出回る

1枚ずつ出回る大きな葉もある

Arrange memo
- 日もち：1カ月程度
- 水揚げ：水切り、深水
- 注意点：水が下がったら、深水に浸けると元気になる
- 相性のいい花材：ほとんどの花

押し葉

Data
- 植物分類：ウコギ科キヅタ属
- 原産地：ヨーロッパ、北アフリカ、西アジア
- 和名：西洋木蔦（セイヨウキヅタ）
- 流通サイズ：30～60cm程度
- 葉の大きさ：中・大
- 価格帯：100～300円
- 出回り時期

アスパラガス Asparagus

細い茎に密生してふんわり広がる葉が涼しげな雰囲気

細い茎に針のような葉が密生した、清涼感のあるグリーンです。茎や葉がやわらかく折れやすいものや、葉が散りやすいものもあるので注意。つる性のタイプもあります。

葉に見えるのは、枝が変化した仮葉

Arrange memo
- 日もち：5～7日
- 水揚げ：水切り
- 注意点：葉がパラパラと落ちるものもあるのでていねいに扱う
- 相性のいい花材：
  - **マトリカリア**（P.152）などの小さな花
  - **カラー**（P.48）などのラインフラワー

Data
- 植物分類：ユリ科アスパラガス属
- 原産地：南アフリカ
- 和名：立ち箒（タチボウキ）、忍箒（シノブホウキ）
- 流通サイズ：50cm～1m程度
- 葉の大きさ：小
- 価格帯：300～500円
- 出回り時期

アレカヤシ
Areca palm, Butterfly palm

Data
植物分類：
ヤシ科
クリサリドカルプス属
原産地：
マダガスカル島
和名：
山鳥椰子
（ヤマドリヤシ）
流通サイズ：
60cm～1m程度
葉の大きさ：大
価格帯：
300～400円
出回り時期（月）

ヤシの中でも葉型が特に美しい南国のグリーン

トロピカルなムードたっぷりなヤシの仲間。観葉植物としてもおなじみのグリーンです。上向きに広がる伸びやかな葉は優雅な印象。ダイナミックなアレンジにも向きます。

水分を好む南国の植物なので、水切れには注意

Arrange memo

日もち：7～10日
水揚げ：水切り
注意点：水が下がると葉先が垂れやすいのでしっかり水揚げする
相性のいい花材：
ストレリチア（P.88）・
ヘリコニア（P.146）
などのトロピカルな花

アンブレラファン
Umbrella fern

Data
原産地：
オーストラリア
和名：——
流通サイズ：
50～80cm程度
葉の大きさ：大
価格帯：
200～300円
出回り時期（月）

傘状に広がる葉がユニーク！アレンジ全体に躍動感をプラス

放射状に広がる葉の向きが整ったものを選ぶ

葉が傘のように放射状に広がり、小ぶりなヤシの木のように見えるシダ植物の仲間。伸びやかな葉のラインが、生き生きと躍動的なイメージです。ブーケの土台などにも活躍。

Arrange memo

日もち：1週間程度
水揚げ：水切り
注意点：葉がチリチリしないよう、直射日光は避ける
相性のいい花材：
プロテア（P.144）・
リューカデンドロン（P.166）
などのオーストラリア原産の花

ウーリーブッシュ Woollybush

Data
植物分類：ヤマモガシ科アデナントス属
原産地：オーストラリア
和名：——
流通サイズ：50〜60cm程度
葉の大きさ：小
価格帯：200〜300円
出回り時期

野趣あふれる針状の葉がユニーク！そのままドライフラワーにも

細かい針状の葉を白い毛が覆い、ワイルドな風貌を持つオーストラリア原産の植物。丈夫で長もちし、花がない時期のものはそのままドライフラワーになります。

細かい針状の葉を白い毛が覆う

Arrange memo
日もち：1〜2週間
水揚げ：水切り
注意点：花がついているものは水が下がるとしおれやすい
相性のいい花材：
セルリア（P.92）
ワックスフラワー（P.173）

ドライフラワー

ウスネオイデス Usneoides

Data
植物分類：パイナップル科ティランジア属
原産地：北米南部、中南米
和名：猿麻桛擬（サルオガセモドキ）
流通サイズ：30〜50cm程度
葉の大きさ：小
価格帯：300〜400円
出回り時期

エキゾチックな姿が存在感を主張する。個性的なアレンジに

水を与えなくても、空気中の水分を吸収して育つエアープランツの仲間。エキゾチックなシルバーグリーンの葉と茎はやわらかく、からませてブーケなどのポイントに使います。

霧吹きなどで湿らせると、美しい状態がキープできる

Arrange memo
日もち：1カ月以上
水揚げ：不要
注意点：乾燥には強いが、3〜4日に1回程度、霧吹きなどで湿らせる
相性のいい花材：
スモーキーな色の花
ラムズイヤー（P.236）
などのシルバー系の葉

220

オクラレルカ Tall iris

Data
- 植物分類：アヤメ科アヤメ属
- 原産地：トルコ
- 和名：長大アイリス（チョウダイアイリス）
- 流通サイズ：80cm～1.2m程度
- 葉の大きさ：長細
- 価格帯：150～300円
- 出回り時期

さわやかな若緑色でまっすぐに伸びた葉は先端までシャープ！

葉は折れやすいので、注意して扱う

シャープな葉は鮮やかな若緑色

剣のようにシャープな葉型が特長。鮮やかな若緑色もさわやかです。グリーンとして使われることが多いですが、季節によっては青紫色や白、黄色の花をつけたものが出回ることも。

Arrange memo
- 日もち：7～10日
- 水揚げ：水切り
- 注意点：折れやすいのでていねいに扱う
- 相性のいい花材：**アイリス**（P.13）・**アリウム**（P.26）などのラインフラワー

クッカバラ オーシェ Philodendron kookaburra

Data
- 植物分類：サトイモ科フィロデンドロン属
- 原産地：熱帯アメリカ
- 和名：──
- 流通サイズ：30～50cm程度
- 葉の大きさ：大
- 価格帯：200～300円
- 出回り時期

切れ込みが個性的。長い茎はカーブさせても

傷がつくと目立つので扱いはていねいに

皮革のようなつやをもつ葉は厚く、深い切れ込みが熱帯の植物らしいエキゾチックな印象です。茎は太く、長いのが特長。茎を手でしごいてカーブをつけ、動きを出すこともできます。

Arrange memo
- 日もち：2週間程度
- 水揚げ：水切り
- 注意点：傷がつくと目立ちやすいのでていねいに扱う
- 相性のいい花材：**ダリア**（P.95）・**大輪のキク**（P.52）など、オリエンタルな雰囲気の花

グリーンネックレス String-of-beads senecio

Data
植物分類：
キク科セネキオ属
原産地：
アフリカ・ナミビア
和名：
緑の鈴
（ミドリノスズ）
流通サイズ：
30～60cm程度
葉の大きさ：小
価格帯：
200～400円

出回り時期

ビーズのような丸い葉が連なり、アレンジに動きを

つる状の細い茎に、肉厚の丸い葉がネックレスのように並ぶ多肉植物。ほかの花材や花器に巻きつけたり、長く垂らしたりすることで、アレンジに遊び心を加えられます。

浸水した部分が腐りやすいので、水替えをまめにする

肉厚の丸い葉が細い茎に連なる

Arrange memo
日もち：7～10日
水揚げ：水切り
注意点：水に浸かると腐りやすいので水替えをまめにする
相性のいい花材：
バラ （P.120）
トルコギキョウ （P.107）

ゲイラックス Beetleweed, Wand plant

Data
植物分類：
イワウメ科ガラクス属
原産地：
北アメリカ東部
和名：──
流通サイズ：
10～20cm程度
葉の大きさ：大
価格帯：
150～300円

出回り時期

丸みのある葉は丸めやすいので使い勝手抜群！

ハート型のかわいらしい形の葉は、縁に浅いギザギザがあります。表面の光沢が美しく、秋には銅色に色づいたものも出回ります。しなやかで丸めやすく、細く巻いて使っても。

丈夫で水揚げもよく、長もちする

Arrange memo
日もち：1カ月程度
水揚げ：水切り
注意点：葉の表面が汚れたらふく
相性のいい花材：
ほとんどの花

押し葉

ケール

Kale, Borecole

Data
植物分類：アブラナ科アブラナ属
原産地：地中海沿岸
和名：緑葉甘藍（リョクヨウカンラン）、羽衣甘藍（ハゴロモカンラン）
流通サイズ：20～30cm程度
葉の大きさ：中・大
価格帯：200～300円
出回り時期

フリル状の葉が華やか。注目の新しい花材

品種によって色やフリルの入り方はさまざま

青汁の原料として有名ですが、新しい花材としても注目されています。葉の先端に入ったフリルが華やか。紫や緑のグラデーションが美しいものなどをアレンジのアクセントに。

Arrange memo
- 日もち：2～3週間
- 水揚げ：水切り
- 注意点：特になし
- 相性のいい花材：
  ミント（P.235）・**ブラックベリー**（P.214）
  などのベリー類

コアラファン

Koala fern

Data
原産地：オーストラリア
和名：——
流通サイズ：70cm～1m程度
葉の大きさ：小
価格帯：200～300円
出回り時期

やわらかく細い葉はコアラの毛のよう

オーストラリアの海岸に生える植物。名前の由来は、細い線状の葉がコアラのしっぽによく似ていることから。海岸の砂地に自生しているので乾燥に強いのも特徴です。

やわらかく細い葉

茎に竹のような茶色の節がある

Arrange memo
- 日もち：1～2週間
- 水揚げ：水切り
- 注意点：特になし
- 相性のいい花材：
  ガーベラ（P.45）・**アルストロメリア**（P.28）
  などの鮮やかな色の花

コチア

Pearl bluebush

Data
植物分類：アカザ科マイレアナ属
原産地：地中海沿岸、西南アジア、オーストラリア
和名：——
流通サイズ：50〜60cm程度
葉の大きさ：小
価格帯：200〜400円

出回り時期（月）

銀白色の枝葉がミニチュアツリーのよう。クリスマスに

すらりと縦に伸びた茎に、多肉質の葉をびっしりとつけます。葉は白いうぶ毛をまとい、うっすらと雪化粧をしたように見えることから、クリスマスのアレンジなどで活躍します。

銀白色の小さな葉は多肉質

水揚げが悪いと葉がポロポロと落ちやすい

Arrange memo
日もち：2〜3週間
水揚げ：水切り、湯揚げ、根元割り
注意点：切り口に割りを入れると水揚げがよくなる
相性のいい花材：
フランネルフラワー (P.139)
ブルニア (P.143)

シュガーバイン

Sugar-bine

Data
植物分類：ブドウ科ツタ属
原産地：中国、日本
和名：——
流通サイズ：30〜80cm程度
葉の大きさ：中
価格帯：200〜400円

出回り時期（月）

小さな葉がかわいらしい！ナチュラルなアレンジに

手を広げたような形をした小さな葉がかわいらしく軽やか。茎はつる性でやわらかく、ふんわりと垂れてナチュラルなイメージ。アレンジに添えると、全体が優しい雰囲気に。

手を広げたような形の葉

つる性の茎はやわらかく扱いやすい

Arrange memo
日もち：1〜2週間
水揚げ：水切り
注意点：つるがからまらないよう、扱いに注意する
相性のいい花材：
アネモネ (P.22)
ツルバキア (P.102)

224

シロタエギク ダスティーミラー
Dusty miller

Data
植物分類：
キク科セナキオ属
原産地：
地中海沿岸
和名：
白妙菊
（シロタエギク）
流通サイズ：
20〜50cm 程度
葉の大きさ：中
価格帯：
200〜400円
出回り時期

白い綿毛で覆われたフェルトのような葉が美しい、常緑の多年草。シルバープランツとして、アレンジに欠かせません。肉厚の葉やレースのような葉を持つタイプなど種類も豊富です。

銀白色が優しい印象。フェルトのような手触りも魅力

葉や茎が黒ずんでいないものを選ぶ

Arrange memo
日もち：5〜7日
水揚げ：水切り、湯揚げ
注意点：葉が水に浸かると黒くなりやすいので注意する
相性のいい花材：
ストロベリーキャンドル（P.89）
バラ（P.120）

ドライフラワー

スチールグラス
Blackboy,Grass tree

Data
植物分類：
ユリ科
クサントロエア属
原産地：
オーストラリア
和名：——
流通サイズ：
1〜2m 程度
葉の大きさ：長細
価格帯：
50〜100円
出回り時期

細長い葉は、「スチール（鉄）」という名のとおり、かなりの硬さがあります。その直線的なラインを生かし、高さのあるアレンジなどで活躍。秋には白い花穂も出回ります。

鉄のように硬い葉の直線的なラインが魅力

先端が硬くとがっているので注意して扱う

Arrange memo
日もち：3週間程度
水揚げ：水切り
注意点：しならせすぎると折れてしまうことがある
相性のいい花材：
バルビネラ（P.128）
ユリ（P.160）

ドライフラワー

スマイラックス

Smilax asparagus

Data
植物分類：
ユリ科アスパラガス属
原産地：
南アフリカ
和名：
草薙葛
（クサナギカズラ）
流通サイズ：
1m程度
葉の大きさ：小
価格帯：
200〜400円

出回り時期

流れるような
茎のラインが
美しい。
ブライダルにも

濃い緑色の小さな葉がたくさんつく

葉が傷つきやすいので扱いに注意する

小さな葉をたくさんつけた茎の流れるようなやわらかなラインが美しい。葉の濃い緑色もさわやか。ブライダルのブーケやテーブル装花でもおなじみの花材です。

Arrange memo

日もち：5〜7日
水揚げ：水切り、湯揚げ
注意点：葉が傷つきやすいのでいねいに扱う
相性のいい花材：
トルコギキョウ（P.107）
バラ（P.120）

押し葉

スモークグラス

Witch grass

Data
植物分類：
イネ科パニクム属
原産地：
北アメリカ
和名：
花草黍
（ハナクサキビ）
流通サイズ：
50〜80cm程度
葉の大きさ：中
価格帯：
200〜300円

出回り時期

煙のようにふわふわと
広がる穂が涼しげな印象

茎が空洞で折れやすいので注意する

煙のようにふわふわと広がる穂

名前の由来は、茎の先端や節につく穂が、煙のように見えることから。アレンジに涼しげな雰囲気を演出します。葉を適度に整理して、穂の繊細な風情を際立たせて。

Arrange memo

日もち：5〜7日
水揚げ：水切り
注意点：茎が折れやすいのでいねいに扱う
相性のいい花材：
ヒマワリ（P.132）
ユリ（P.160）

ドライフラワー

タニワタリ エメラルドウェーブ Spleenwort

Data
植物分類：チャセンシダ科アスプレニウム属
原産地：日本、台湾
和名：大谷渡（オオタニワタリ）
流通サイズ：80cm〜1.2m程度
葉の大きさ：大
価格帯：150〜300円
出回り時期

幅広の葉を自在にアレンジ。水に沈めても腐りにくい

葉は丈夫で長もちする

光沢のあるエメラルドグリーンの葉が、うねうねと波打つ姿が印象的。葉は傷つきにくく、水に浸けても腐りにくい性質が。くるると丸める、折り曲げるなどして花留めにしたり、細く裂いて使ったりして、自由自在に使いこなしましょう。

Arrange memo
日もち：1〜2週間
水揚げ：水切り
注意点：丸めたり、折ったり、裂いたりしても使える
相性のいい花材：
オーニソガラム (P.38)・カラー (P.48)
などのラインフラワー

タバリアファン Tabalia fern

Data
植物分類：シノブ科シノブ属
原産地：マレーシア
和名：——
流通サイズ：30〜60cm程度
葉の大きさ：小
価格帯：100〜300円
出回り時期

レースのような美しい葉型がアレンジに繊細さをプラス

レース編みのように繊細な葉型が魅力

シダ植物の仲間で、繊細なレースのような葉は透け感があり、ソフトな雰囲気。しなやかな葉は切り分けて使っても。多彩なアレンジのシーンで重宝します。美しい葉型は押し葉にしても素敵です。

Arrange memo
日もち：5〜7日
水揚げ：水切り
注意点：葉が乾燥しない場所に置く
相性のいい花材：
ダリア (P.95)
バンダ (P.130)

押し葉

227

トキワイチゴ

Creeping raspberry

Data
植物分類：
バラ科キイチゴ属
原産地：
台湾
和名：
常磐苺
（トキワイチゴ）
流通サイズ：
30〜60cm程度
葉の大きさ：小
価格帯：
200〜400円

— 出回り時期 —

葉の表面にはちりめん状のシワが

葉の裏面は白い毛で覆われている

葉は硬くしっかりとしている

硬さのある
しっかりとした葉が
扱いやすい

「アイビー」に似た形の葉をもつ、つる性の植物。葉の表面にはちりめん状のしわが入り、裏面は白い毛で覆われています。秋には美しく紅葉した葉も出回ります。

Arrange memo

日もち：1〜2週間
水揚げ：水切り
注意点：葉の表裏が見えるように生ける
相性のいい花材：
アゲラタム（P.15）
センニチコウ（P.93）

押し葉

トクサ

Horsetail, Scouring rush

Data
植物分類：
トクサ科トクサ属
原産地：
北半球の温帯
和名：
木賊（トクサ）、
砥草（トクサ）
流通サイズ：
30cm〜1m程度
葉の大きさ：長細
価格帯：
100〜150円

— 出回り時期 —

直線的なラインが
空間をモダンに。
和洋どちらにも

茎のところどころに節がある

中が空洞の茎は簡単に折り曲げられる

すらりと伸びた茎に節が入った細い竹のような姿がユニーク。茶花として好まれ、和風庭園にもよく植えられるため和の印象が強い植物。短かくして束ねて使えば洋風のアレンジにも。

Arrange memo

日もち：7〜10日
水揚げ：水切り
注意点：折って使うときは節の部分で折る
相性のいい花材：
キク（P.52）・
ダリア（P.95）・**ラン類**
など、オリエンタルな花

ドライフラワー

228

トケイソウ パッションフラワー / Passion flower

Data
植物分類：
トケイソウ科
トケイソウ属
原産地：
中央・南アメリカ
和名：
時計草（トケイソウ）
流通サイズ：
60cm〜1.2m程度
葉の大きさ：中
価格帯：
200〜400円
出回り時期

手のひら状の葉とつるの自由な動きがナチュラルな印象

ヒトデのような形の葉

巻きひげが周囲に巻きつきやすい

時計の文字盤のような花が印象的な熱帯の植物。花は開花時間が短いため、グリーン花材として多く出回ります。つる性の茎とヒトデのような形の葉が、ナチュラルな印象。

Arrange memo
日もち：1週間程度
水揚げ：水切り、湯揚げ
注意点：つるがからまりやすいのでていねいに扱う
相性のいい花材：
アジサイ（P.16）
バラ（P.120）

ドラセナ / Dracaena

Data
植物分類：
リュウゼツラン科
ドラカエナ属
原産地：
熱帯アジア、アフリカ
和名：
匂い千年木
（ニオイセンネンボク）
流通サイズ：
30〜50cm程度
葉の大きさ：中・大
価格帯：
100〜300円
出回り時期

斑模様が華やか！葉もちがよく扱いやすい

水に挿しておくと発根して鉢植えにもできる

緑色に白や黄色の斑が入るものや、細長い葉に赤のストライプが入るものなど、形や色、斑模様などが多彩です。きれいな葉色はアレンジに彩りをプラス。丈夫で長もちします。

Arrange memo
日もち：2週間程度
水揚げ：水切り
注意点：葉が乾燥したら、霧吹きで水をかける
相性のいい花材：
ほとんどの花

ナルコユリ ナルコ

King Solomon's seal

しなやかな茎と斑入りの葉が美しい

日本各地の草地に自生する植物。弓なりにカーブする茎に、美しい斑入りの葉をつけます。多く出回るのは、葉幅が広い「フイリアマドコロ」という品種。蒸れに弱いので多湿を避けて。

下葉から黄に変色するのでこまめに取り除く

葉の先のほうに白い斑が入る

Arrange memo

日もち：5〜7日
水揚げ：水切り
注意点：下の方から黄ばんでくるので、まめに取り除くこと
相性のいい花材：
トラノオ（P.106）・
ミヤコワスレ（P.155）
など、和風の野草

押し葉

Data

植物分類：ユリ科アマドコロ属
原産地：日本
和名：鳴子百合（ナルコユリ）
流通サイズ：50〜80cm程度
葉の大きさ：中
価格帯：100〜300円

出回り時期

ニューサイラン

New Zealand flax

剣のように鋭い葉が力強い印象。縦縞が入るタイプも

剣状の細長い葉は硬く丈夫で、ニュージーランドの原住民はこの葉からとった繊維で筏を作っていたほど。シャープなアレンジ向き。白や赤、黄色の縦縞が入る品種も。

葉脈に沿って裂き、ひねったり編んだりもできる

Arrange memo

日もち：7〜10日
水揚げ：水切り
注意点：鋭い葉で手を切らないよう注意
相性のいい花材：
ストック（P.86）・
カラー（P.48）
などのラインフラワー

Data

植物分類：リュウゼツラン科フォルミウム属
原産地：ニュージーランド
和名：苧麻蘭（マオラン）
流通サイズ：1m程度
葉の大きさ：長細
価格帯：200〜300円

出回り時期

ハラン
Barroom plant

Data
植物分類：ユリ科ハラン属
原産地：中国
和名：葉蘭（ハラン）
流通サイズ：30〜50cm程度
葉の大きさ：大
価格帯：100〜300円
出回り時期

幅広の葉は丈夫で長もち。アレンジ次第で多彩な表情に

縦向きに葉脈が入る

葉を丸めたり裂いたりして使うと違う表情が楽しめる

みずみずしい深緑色の葉は、しなやかで丈夫。巻きつけたり、縦向きの葉脈に沿って裂いたりとさまざまな使い方ができます。白やクリーム色の縦縞、葉先に白い斑（ふ）が入るタイプもあります。

Arrange memo
日もち：2週間以上
水揚げ：水切り
注意点：葉が乾燥したら濡れた布でふく
相性のいい花材：ほとんどの花

ピットスポルム
Kohuhu, Tawhiwhi

Data
植物分類：トベラ科トベラ属
原産地：ニュージーランド
和名：黒葉海桐花（クロバトベラ）
流通サイズ：30〜50cm程度
葉の大きさ：中
価格帯：150〜300円
出回り時期

斑（ふ）入りの小さな葉がキュート。乾燥を避けて

葉が散りやすいので、よく振り落としてから使う

細い枝はよく分枝し、ウェーブがかった小さな葉をたくさんつけます。白やクリーム色の縁取りや斑入りのものなども出回っていて人気。霧吹きなどで乾燥を防ぐと長もちします。

Arrange memo
日もち：10日程度
水揚げ：水切り
注意点：乾燥や高温に弱いので、霧吹きで水分補給を。使う前に葉を振り落とす
相性のいい花材：ほとんどの花

押し葉

フィロデンドロン
Horsehead philodendron

大ぶりの葉はインパクト大！トロピカルな雰囲気に

「クッカバラ」と同属ですが、より大ぶりな葉をつけます。葉は厚く、表面につややかな光沢があります。葉に負けないような大きな花と組み合わせてトロピカルに。

水揚げがよく比較的長もちする

Arrange memo
- 日もち：1週間程度
- 水揚げ：水切り
- 注意点：葉の汚れは湿らせた布でふき取る
- 相性のいい花材：
  - アマリリス（P.24）
  - ダリア（P.95）

Data
- 植物分類：サトイモ科フィロデンドロン属
- 原産地：熱帯アメリカ
- 和名：人手葛（ヒトデカズラ）
- 流通サイズ：20cm〜1m程度
- 葉の大きさ：大
- 価格帯：100〜200円
- 出回り時期

フトイ
Softstem bulrush

まっすぐに伸びる緑色の茎が涼感を呼ぶ。初夏のアレンジに

水辺や沼などの湿地に自生する植物。まっすぐ上に向かって伸びる茎の先端に、赤褐色の小さな花をつけます。どことなく涼しげなその姿が、初夏の花材として人気です。

茎の先端に赤褐色の小さな花をつける

中が空洞の茎は簡単に折り曲げることができる

Arrange memo
- 日もち：1週間程度
- 水揚げ：水切り
- 注意点：折り曲げて使ってもいい
- 相性のいい花材：
  - オーニソガラム（P.38）
  - グラジオラス（P.59）

ドライフラワー

Data
- 植物分類：カヤツリグサ科ホタルイ属
- 原産地：日本
- 和名：太藺（フトイ）
- 流通サイズ：1〜1.5m程度
- 葉の大きさ：長細
- 価格帯：100〜200円
- 出回り時期

フレクシーグラス
Flexi grass

Data
原産地：オーストラリア
和名：──
流通サイズ：80cm～1m程度
葉の大きさ：長細
価格帯：200～300円
出回り時期

しなやかさで ねじるも編むも 自由自在

「スチールグラス」（224ページ）は折れやすく、「ベアグラス」（同ページ下）は直立しにくいのに対して、「フレクシーグラス」は直立させてもしなやか。ねじったり編んだりしても使えます。

しなやかで扱いやすいので丸めて輪にしても使える

Arrange memo
日もち：2～3週間
水揚げ：水切り
注意点：先端がとがっているので扱いに注意すること
相性のいい花材：ほとんどの花

ベアグラス
Bear grass

Data
植物分類：ユリ科クセロフィルム属
原産地：北アメリカ
和名：──
流通サイズ：50cm～1m程度
葉の大きさ：長細
価格帯：50～100円
出回り時期

線状に伸びる 細い葉の しなやかな ラインが魅力

線状に伸びる葉は、硬くて丈夫。流れるようなラインをそのまま生かしたり、指でしごいてカーブを出したり。アレンジに動きを出したいときに重宝します。

根元は淡い緑色、先端に行くほどつやのある濃い緑色になる

Arrange memo
日もち：1カ月程度
水揚げ：水切り
注意点：束にして使うのもおすすめ
相性のいい花材：ほとんどの花

ドライフラワー

ヘリクリサム Everlasting,Immortelle

Data
植物分類：キク科ヘリクリサム属
原産地：南アフリカ
和名：——
流通サイズ：30～60cm程度
葉の大きさ：小
価格帯：150～300円

出回り時期

卵型の小さな葉と茎のラインがナチュラルな印象

卵型の小さな葉は、ふわふわとした白い毛で覆われてやわらか。くねくねと曲がる茎のラインも美しく、ナチュラルな印象です。銀緑色のほか、ライム色の葉をつけるタイプもあります。

新芽の先をカットすると長もち

葉が水に浸かると黒ずむのであらかじめ取っておく

Arrange memo

日もち：3～5日
水揚げ：水切り、湯揚げ
注意点：新芽の先をカットして使うと、長もちしやすい
相性のいい花材：
センニチコウ（P.93）・マトリカリア（P.152）
などの小さな花

ミスカンサス リリオペ Lilyturf

Data
植物分類：ユリ科ヤブラン属
原産地：日本、中国、台湾
和名：薮蘭（ヤブラン）
流通サイズ：30～50cm程度
葉の大きさ：長細
価格帯：50～150円

出回り時期

アレンジの脇役に。リボンのようなカールをつけても

細長い葉は幅約1cm。そのままでも自然な曲線がきれいですが、指でしごくとくるんとしたカールをつけられます。やわらかいので編むことも可能。縦縞入りの品種もあります。

吸水性スポンジに挿す時は硬い茎の下部を残しておく

Arrange memo

日もち：7日前後
水揚げ：水切り
注意点：吸水性スポンジに挿すときは、硬い下部を切らずに残す
相性のいい花材：
ほとんどの花

ドライフラワー

ミント
Mint

Data
植物分類：
シソ科ハッカ属
原産地：
北半球、南アフリカ
和名：
薄荷（ハッカ）
流通サイズ：
10〜20cm 程度
葉の大きさ：中
価格帯：
ミックス束で
300〜350円前後
出回り時期

清涼感あふれるさわやかな香りが魅力のハーブ

お茶や料理に使われるハーブとして有名。メントールを含む清涼感のある香りは、リフレッシュ効果も。多くの品種が出回り、葉の色や形、質感などはさまざまです。

水に浸けておくと発根して鉢植えにもできる

Arrange memo
日もち：5〜7日
水揚げ：水切り
注意点：香りが強いので苦手な人に贈るときは注意
相性のいい花材：
トラノオ（P.106）・
ウィンターコスモス（P.35）
などの野草

押し葉／精油

ユーカリ
Gum tree

Data
植物分類：
フトモモ科
ユーカリ属
原産地：
オーストラリア
和名：
有加利樹
（ユーカリノキ）
流通サイズ：
30〜50cm 程度
葉の大きさ：小
価格帯：
150〜300円
出回り時期

特徴ある葉の色や形がアレンジの表情を豊かに

匂いは好き嫌いが分かれるので使いすぎないこと

小さな丸い葉が向かい合ってつく

細い枝につく小さな丸い葉が魅力的。グレーがかった銀白色の葉色もユニークです。細長い葉をつける品種もあります。葉もちがよく、そのままドライフラワーにもなります。

Arrange memo
日もち：10〜14日
水揚げ：水切り
注意点：好き嫌いのある匂いがするので、注意して
相性のいい花材：
ほとんどの花

ドライフラワー／精油

ラムズイヤー

Lamb's ears

ふわふわの手触りが気持ちいい。ハーブの一種

葉に厚みがあるため少量でもボリュームが出る

名前の由来は、葉の形や手触りが子羊の耳に似ていることから。葉全体が白い毛で覆われ、厚みがあります。ハーブの一種で、ほのかに甘い香りがただよいます。

Arrange memo

日もち：5〜7日
水揚げ：水切り、湯揚げ
注意点：葉が傷つくと目立つので注意する
相性のいい花材：
スモーキーな色の花

Data

植物分類：シソ科スタキス属
原産地：西アジア
和名：綿草石蚕（ワタチョロギ）
流通サイズ：30〜50cm程度
葉の大きさ：中
価格帯：150〜300円
出回り時期

リキュウソウ

ビャクブ Stemona

つややかな葉色とらせん状に曲がる茎のラインが美しい

適度に葉を整理すると、くねくねと曲がる茎のラインが際立つ

明るい緑色の葉。縦に葉脈が入る

明るい緑色と縦に入った葉脈が涼しげ。らせん状に曲がる茎のラインもやわらかな表情です。茶花や生け花の花材として人気ですが、ナチュラルな雰囲気は洋風にも合います。

Arrange memo

日もち：1週間程度
水揚げ：水切り
注意点：茎のラインを生かしてアレンジする
相性のいい花材：
カラー（P.48）・
フリージア（P.140）
などのラインフラワー

Data

植物分類：ビャクブ科ビャクブ属
原産地：中国
和名：利休草（リキュウソウ）
流通サイズ：30〜80cm程度
葉の大きさ：中
価格帯：200〜400円
出回り時期

ルスカス
Butcher's bloom

Data
植物分類：
ユリ科ルスカス属
原産地：
カナリア諸島から
コーカサス
和名：
筏葉（イカダバ）
流通サイズ：
30〜50cm程度
葉の大きさ：中
価格帯：
150〜300円
出回り時期

光沢があり
丸みのある形は
使い勝手よし！
厚みもあり丈夫

しっかりとした葉は丈夫で扱いやすい

つややかな光沢があり、丸みを帯びた葉の形がほかの花材と合わせやすくて人気。葉に見えるのは、実は茎が変化したもの。よく似たイタリアンルスカスは葉が細長く、別種です。

Arrange memo
日もち：7〜10日
水揚げ：水切り
注意点：切り分けて使えば、アレンジにボリュームが出る
相性のいい花材：
オーニソガラム（P.38）・
グラジオラス（P.59）
などのラインフラワー

レザーファン
Leatherleaf fern

Data
植物分類：
オシダ科ルモーラ属
原産地：
南半球の熱帯から温帯
和名：——
流通サイズ：
30cm〜1m程度
葉の大きさ：大
価格帯：
150〜300円
出回り時期

葉の縁にギザギザの切れ込みが入り、全体は三角形のシルエットに。革のような質感とつやのある濃い緑色が特長的です。水揚げがよく、扱いやすいのもポイントです。

革のような質感が独特。濃い緑色も美しい

葉の先端部分が折れやすいので注意して扱う

Arrange memo
日もち：10〜14日
水揚げ：水切り
注意点：葉の先端部分が折れやすいので、扱いはていねいに
相性のいい花材：
クルクマ（P.64）・
デンファレ（P.105）
など、オリエンタルな花

レックスベゴニア
Rex-begonia

Data
植物分類：シュウカイドウ科ベゴニア属
原産地：インド、日本、中国
和名：——
流通サイズ：10〜30cm程度
葉の大きさ：中・大
価格帯：ミックスで300〜500円

出回り時期

個性豊かな色や形が揃う。葉を楽しむベゴニア

- 周囲が濃い色で縁取られたハート型
- シルバーがかったパープル
- 濃い茶色に赤い模様が入る
- グリーンの濃淡が美しい
- 茎が赤く、葉の表面に光沢がある

数あるベゴニアの中でも葉の美しさが際立ち、グリーン花材として人気。トラ模様や渦を巻いたような葉型など、個性に富んだ模様や色、形が豊富。個性の強い花と合わせて。

Arrange memo
日もち：7〜10日
水揚げ：水切り
注意点：寒さに弱いので暖かい場所に飾る
相性のいい花材：
原種系のアルストロメリア (P.28)
ラナケリア (P.163)

レモンリーフ
Salal

Data
植物分類：ツツジ科シラタマノキ属
原産地：北アメリカ
和名：——
流通サイズ：20〜30cm程度
葉の大きさ：中
価格帯：150〜300円

出回り時期

レモン型の丸みのある葉がかわいらしく枝ぶりも魅力

葉が交差しているものは枝分けしてから使う

優しい丸みを帯びた葉は、レモンの果実のようなシルエット。ジグザグ状の枝ぶりや、交互についた葉の自然な動きが、アレンジに使いやすく重宝します。水揚げもよく長もち。

Arrange memo
日もち：2週間程度
水揚げ：水切り
注意点：葉を1枚ずつ切り離して使ってもいい
相性のいい花材：
ほとんどの花

ドライフラワー

花とアレンジの基礎知識

lesson 1 花材を知る・選ぶ

花をアレンジする前にまずは、花材の種類や特徴などを知りましょう。花のガクや葉、茎などもあらためてチェック！花材のことをよく知れば、新鮮で目的に合ったものを選べるようになります。

生花、ドライフラワー、プリザーブドフラワー、アートフラワー（造花）を総称して「花材」といいます。一般に、生け花やフラワーアレンジに使われる花材は、生きた状態の「生花」。花が咲いた草花や球根花は「花」、樹木の枝の部分を切ったものは「枝もの」、実をつけた状態で出回るものは「実もの」、葉を生かす花材は「グリーン」と呼ばれます。

〈花材の種類〉

花
花が咲いた状態で出回る草花や球根花。花の色や形を楽しみ、アレンジの主役になる

枝もの
樹木の枝の部分を切ったもの。花がついていることもある。季節感や和のテイストを出すのに重宝する

実もの
実がついた状態で出回るもの。実の色や形を楽しむ。出回る季節が限られているものも多い

グリーン
葉を生かす花材で、葉型や葉色なども多彩。アレンジの脇役として活躍する

花材のつくりと名称を知る

花の部位などの専門用語も知っておきたいもの。花びら（花弁）だと思い込んでいた部分が実はガクや苞だったということもよくあります。アンスリウムやカラーなどは、苞が大きくて花びらのように見える代表的な花材です。

ガク
花のもっとも外側の部分で、普通は緑色。つぼみの時は内部を包んで保護する

花
ガク、花弁、おしべ、めしべ、花をつける短い茎（花軸）までの総称

葉
茎や枝につき、花や枝葉を支えている。通常は緑色で、白や黄色などの模様が入ったものを「斑入り」という

トゲ
茎の表面にある固くて先のとがった突起物

茎
花や枝葉を支えている部分。「ステム」ともいう。花がついている茎を「花茎」ということも

花弁
花びら。色も形もさまざまで美しく、鑑賞のメインになる。斑点（表面にまばらに散った点）が入るものもある

しべ
花の中心部分のおしべとめしべを合わせて「しべ」と呼ぶ

〈花の断面〉

苞
花を包んでいる薄い保護葉。苞が大きく、花びらのように見えるものもある

肉穂花序
棒状の部分が花。よく見ると小さな花が集まって咲いている

アンスリウム

唇弁（リップ）
ラン科の花の中央近く、下側についた1枚の花弁。袋状になっているものも

コチョウラン

240

花のつき方の基本は4種類に大別できる

茎や枝への花のつき方や並び方を「花序(かじょ)」といいます。チューリップのように茎の先端に単独で花をつけるタイプや、アジサイのように小さな花が集団で咲くタイプなど、大きく分けると4種類になります。

穂咲きタイプ
茎に沿って花が縦に穂のような形になって咲く
- ストック
- トラノオ
- デルフィニウム

密集タイプ
小さな花が集まって咲き、ひとつの固まりに見える
- アジサイ
- ギリア
- スノーボール

スプレータイプ
茎の左右に枝分かれして伸びた茎の先に花をつける
- カスミソウ
- アスター
- マトリカリヤ

1輪タイプ
1本の茎の先端に花が1輪だけ咲く
- チューリップ
- アイリス
- ガーベラ

品種改良によってさまざまな咲き方が登場

花の咲き方には、花弁の枚数で分ける一重咲きや八重咲きのほか、花弁の形に注目したポンポン咲きやフリンジ咲き、ほかの花に見立てたバラ咲きやユリ咲きなど、さまざまな咲き方があります。特に、人気の高いチューリップやバラ、ガーベラ、キクなどは品種改良が盛んに行われ、次々と新しい咲き方の花が登場しています。

スパイダー咲き（ガーベラ）
花びらが細長く、先端がとがった状態で咲くタイプ

ポンポン咲き（キク）
細かい花びらが集まって球形になって咲くタイプ

八重咲き(やえ)（ラナンキュラス）
花びらが多く、いく重にも重なっている咲き方

一重咲き(ひとえ)（マーガレット）
花びらの重なりがほとんどない咲き方。「シングル」とも呼ばれる

ユリ咲き（チューリップ）
ユリのように花びらの先端がとがり、外側に反って咲くタイプ

バラ咲き（トルコギキョウ）
花びらの巻き方がバラの花をイメージさせるような咲き方

カップ咲き（バラ）
バラなどによく見られるころんと丸いカップ状の咲き方で愛らしい

パーロット咲き（チューリップ）
切り込みが入った花びらがオウム(parrot)の羽に似た咲き方

フリンジ咲き（チューリップ）
花びらの縁にフリルのように細かい切り込みが入るタイプ

ストロー咲き（コスモス）
花びらがストローのように筒状に丸まっている咲き方。キクなどに多い

アレンジでの花の役割を考えて選ぶ

アレンジを作る時に、主役になる花や枝ものなどを「メイン花材」といい、主役を引き立てる脇役になる花、実もの、グリーンなどを「サブ花材」といいます。アレンジ初心者の人は、花を選ぶときはまず、メイン花材を決め、それに合うサブ花材を加えていくようにすれば失敗しません。花はさらに、アレンジでの役割によって4種類に分かれます。主役にはフォームフラワーやマスフラワーを、動きや高さを出したいときはラインフラワーを、花と花のすきまを埋めるにはフィラーフラワーを選ぶとおぼえておきましょう。

マスフラワー

カーネーション / トルコギキョウ / バラ

「マス」は「固まり」という意味。花びらがたくさん集まって、色の印象が強い花。バラ、カーネーション、トルコギキョウ、ラナンキュラスなど

フォームフラワー

コチョウラン / アンスリウム / アマリリス

「フォーム」は「形」という意味。大輪で形が個性的、存在感がある主役級の花。アマリリス、アンスリウム、ユリ、コチョウランなど

フィラーフラワー

イブニングスター / カスミソウ / ブプレウルム

「フィラー」の意味は「満たす」。サブ花材として、アレンジのすき間を埋める。イブニングスター、カスミソウ、ブプレウルム、スターチスなど

ラインフラワー

キンギョソウ / オーニソガラム / デルフィニウム

「ライン」は「線」という意味。茎や花穂などのラインが特徴的な花。オーニソガラム、キンギョソウ、デルフィニウム、フリージアなど

これも知りたい！

花屋さんでのいい花材の選び方

花材を選ぶ時は花屋さんまかせにせず、自分の目でしっかり選びましょう。花が傷んでいないかを調べるのはもちろん、葉やガクの状態も忘れずにチェックして。満開より開きかけの花のほうが長く楽しめますが、ガクに堅く覆われた小さなつぼみは咲かずに終わることもあります。

最近は、自分で手に取って選べる店も増えていますが、花は繊細なので勝手にはさわらないこと。お店の人に声をかけるか、お願いして取ってもらいましょう。仕入れは、切り花の市場が開かれる月曜、水曜、金曜日が一般的。この日を選んで足を運んでみるのもおすすめです。

つぼみ
開きかけのつぼみがついたものを選ぶ。咲きそうもない硬い小さなつぼみが多いものは避ける

ガク
みずみずしい緑色をしていて、ピンとハリのあるものを

花弁
ハリやツヤがあるものを。茶色のシミがあったり、薄くなって透けていたり、シワのあるものはNG

葉
葉先までピンとハリがあるものを。傷やシミがあったり、色がくすんでいる葉は鮮度が落ちる

茎
一般に、茎が長いもののほうが上等とされる

ガーベラやキクなどは花の中心が堅く締まっているものを

花もちがいいガーベラやキクなどは、選んで買わないと、古い花を買ってしまうかもしれません。花の中心の丸い部分をよく見て、まだ咲ききっていない、堅く締まったものを選びましょう。

葉やガク、つぼみもしっかりチェック！

lesson 2 道具を使いこなす

花を生ける時に最低限必要な花バサミや便利なフローリストナイフ、生けた花を固定して水を供給する吸水性スポンジなどを上手に使いこなして、アレンジの腕を上げましょう。

フラワーアレンジに最低限必要な道具といえば、花材を切る専用の花バサミやフローリストナイフ、アレンジの土台として活躍する吸水性スポンジ、花器です。これらの道具を上手に使いこなせるようになれば、アレンジの腕も上がるでしょう。

花バサミは、水を吸い上げる茎をつぶさないよう刃が薄く、軽い力でも太い枝が切れます。正しく使えば花のもちも違ってきます。フローリストナイフは、ハサミよりさらに鋭く切れ、細かい作業をするのにも便利です。

花材を思いどおりの位置に留められる吸水性スポンジの使い方もマスターしましょう。

🌸 まず用意したいのが花バサミ。人差し指をグリップから出して持つ

花バサミを選ぶ時はまず、刃の部分をしっかりチェック！力を加えやすいよう根元までのかみ合わせがよいことも大切です。花材を切る時は、刃を斜めに入れて、刃の根元から先端まで使って切ります。

Check! かみ合わせ
かみ合わせがよく、薄くてやわらかいものまで切れる

Check! 刃の長さ
刃は太く短く、5cmくらいが切りやすい

Check! グリップ
太くて輪が大きく、握ると安定感があるものを

花ばさみの扱い方

ハサミを斜めに入れて切る
茎を切る時も枝を切る時も、ハサミを斜めに入れて切ると、断面が鋭くなり水揚げがよくなる

人さし指をグリップから出す
一番力の強い人さし指をグリップから出して握れば、手に負担をかけずに大きな力を入れやすい

フローリストナイフは正しい持ち方がポイント

花バサミより小さくて軽いフローリストナイフですが、硬い枝ものもスパッと切れます。ナイフが手からスポッと抜けないよう親指以外の4本で柄をはさみ、親指で茎を支えるようにしてカットします。こうすると支点が安定して力を入れやすくなります。

Check! 刃先
内側にカーブしたものは刃先に茎を引っかけやすくて初心者向き

Check! 刃の長さ
5〜7cmくらいのものを。長すぎると力を入れにくくて危険

Check! 柄
折りたたんで刃を収納できるタイプが持ち歩きに便利で安全

フローリストナイフの扱い方

ナイフは動かさずに茎を動かす
茎を切る時はナイフの刃を茎に斜めに当て、親指で支える。ナイフは動かさずに上の茎を引っ張る

トゲを取る時は下から上へ
バラなどのトゲを取る時は、ナイフを下から上へ動かす。反対に動かすと手がすべった時に危険

吸水性スポンジはカットしてから水を含ませる

花を固定して水を補給できる吸水性スポンジを使えば、花留めが難しい花器や水を入れられないかごなどにもアレンジできます。使用する器のサイズに合わせて切ってから水をたっぷり含ませましょう。使用後は穴が開き、吸水性も低下しているので、何度も再使用はできません。

吸水性スポンジの扱い方

1 大きさを決める
器の口に吸水前のスポンジを軽く押し当ててサイズを測る

2 カットする
スポンジに跡がついたところをよく切れるナイフでカットする

3 吸水させる
たっぷりの水にスポンジを浮かべ、水を吸った重みで沈むまで待つ

4 面取りする
水を吸ったスポンジを器に押し込み、なだらかな形に面取りして整える

Check! 形
器に合わせて万能に使えるブロック形がおすすめ。ほかにリース型やハート型などもある

Check! 色
目立たない緑色がスタンダード。スポンジ自体を見せて使うカラータイプもある

lesson 3 水揚げする

生ける前にたっぷり水を吸収させれば、花もちが違ってきます。基本の「水切り」をはじめ、花材によって適した方法の「水揚げ」で、しおれかけた花もシャキッと元気にしましょう。

アレンジする前に、水を吸いやすくしてたっぷりと水を補給する作業を「水揚げ」といいます。これを行うことで、花もちがぐんとよくなります。

花屋さんの花は通常、水揚げしてありますが、自分で茎を切って生けるなら、あらためて水揚げする必要があります。

茎を水に浸したまま斜めに切る「水切り」は、切り口に空気の膜ができず、水圧で水がよく揚がるため、たいていの花に効果的。「湯揚げ」や「燃焼」は、熱湯や火の熱で茎の中の空気を急激に追い出し、さらに吸水力を高めます。水揚げが悪い枝ものには「根元割り」を行うなど、花材によって適した方法があります。

また、生けた花が弱ってきたときにも、水揚げは効果的。水替え時に行うとシャキッと元気になります。

水揚げの前に下葉やつぼみの処理を

水揚げをする前に、余分な枝葉は間引き、咲きそうにない硬い小さなつぼみは取り除きます。こうすれば水分の蒸散やエネルギーの消耗が防げて長もち。生けた時に水に浸かる枝葉は腐りやすくなるので全部取り除いて。

〈咲かないつぼみ〉

咲かない / 咲く

咲かないつぼみはカットして開花に使うエネルギーを節約

〈水に浸かる下葉〉

水につかる部分の枝葉はあらかじめ落としておく

これくらいのところまで落とす

水揚げの基本は「水切り」。切り口を斜めに鋭く切る

茎を水に浸けたまま、切り口から3〜5cmのところをカットする「水切り」は、水揚げの基本。斜めに切ることで吸水面が広がり、より多くの水を吸い上げられます。水切り後2〜3秒はそのまま水に浸した状態に。

断面は斜めに大きく！

吸水面が広がり、より多くの水を吸い上げられるように、茎の断面はなるべく大きく切る

深めの器に水をため、茎を浸けたままハサミなどで斜めに切る

本数が多いときは、新聞紙などで包んでまとめ切りしてもOK

花材それぞれの性質によって水揚げを使い分ける

水折り　キク・リンドウなど

キクやリンドウなど、茎が比較的太くて硬い花材は「水折り」を。茎を水中に入れたまま、切り口から5cmくらいのところを指の爪先を使ってポキッと折ります。そのまま2〜3秒、茎先を水中に沈めて。

根元割り・根元たたき　枝もの

枝ものは全体的に水揚げがよくありません。切り口に縦、横と十文字になるよう深く切り込みを入れる「根元割り」を。硬い枝は切り口を金づちでたたいてつぶす「根元たたき」でもいいでしょう。

深水　葉が丈夫な花材

水切りや水折りしてもまだ元気がない場合は、深い水に1時間以上つけておきましょう。水圧が高まり、茎や葉からも吸水します。花材を新聞紙ですっぽりとくるみ、全体の半分以上が水に浸かるようにします。

湯揚げ　しおれやすい野草など

熱で花や葉が傷まないよう全体を新聞紙でくるみ、60〜80℃の熱湯に茎の先だけをさっとつけます。変色したら深水に1時間以上浸けてから、その部分をカットして。水揚げの悪い花も元気になります。

逆さ水　葉が細かくて蒸れやすい花材

細かい葉が密集していて蒸れやすく、「深水」では葉が傷んでしまうものには、葉の裏側から水をかける「逆さ水」が効果的。茎を逆さに持って、霧吹きで葉に水をかけます。花にはかけないよう注意しましょう。

燃焼　茎の硬い花材

茎が硬くて水揚げが悪い花材は、コンロの火などで茎の先が炭化するまで焼きましょう。焼く長さは1〜3cmほど。黒くなったらすぐに深水に1時間ほど浸け、その部分をカットしてから生けます。

lesson 4 アレンジする

使用する花材の水揚げが終われば、いよいよ好きな花器を選んでアレンジします。
花留めの切り分け方や花留めのテクニックなどをマスターして、素敵に飾ったら、長く楽しむ方法も知りたいところです。

使用する花材の水揚げが終わったら、いよいよ花器に生けるなどのアレンジをするわけですが、そのためにの基本的なテクニックをマスターしましょう。

花器に生ける場合、まず知っておきたいのが、「花留め」のテクニック。花器の口が広くて花材を固定するのが難しい場合などでも、思いどおりの位置や角度に花を留める技術です。生け花で「一文字留め」「十文字留め」などと呼ばれる枝や茎を利用する方法と、吸水性スポンジや剣山などの道具を使う方法があります。

また、枝分かれした花材を上手に切り分けて使ったり、水揚げのたびに切り戻して短くなる花材を背の低い花器に生け替えたりするのも、アレンジが上達するコツです。

スプレー咲きの花材は切り分けて使う

スプレーバラやトルコギキョウ、ブルーレースフラワーなど、茎が枝分かれしてたくさん花をつけるスプレー咲きの花材は、1本を効率よく切り分けて使えば、本数は少なくてもアレンジにボリュームを出せます。なるべくロスが出ないよう、切る場所をよく考えて切り分けましょう。

枝分かれしているが、そのまま生けるとあまりボリュームが出ない

枝分かれしている部分から脇枝を切り、さらに主枝もカットして長短を。こうするとアレンジに使いやすくなる

アレンジの形は飾る場所に合わせて

飾る場所を考えてから、アレンジの大きさや形を決めましょう。テーブルに飾るなら、向かいに座った人の顔が隠れて会話の邪魔にならないよう、座ったときの目線より低くアレンジします。どこから見てもきれいなラウンド型がおすすめ。また、チェストの上などに飾る場合は、前方から見ることを考えて生けましょう。

〈テーブルに〉

高さを出さず、どこから見てもきれいなラウンド型に

〈チェストに〉

横に長い花器を使い、すべての花が前方を向いているアレンジに

茎や枝、道具などを使って思いどおりのところに花を留める

少ない花材でも、思いどおりの位置や角度に生けるには、花留めの方法を工夫する必要があります。しなやかで、空洞がなく、切り口がささくれにくい茎や枝を花器の内壁に密着させ、それを支えにして花を生けていくのが「一文字留め」や「十文字留め」。吸水性スポンジや剣山を花留めに用いる場合は、見えないように上手に隠す工夫をしましょう。

つるで留める

しなやかな細いつるを丸めてボール状にしたものを器の中にセットし、つるのすき間に花を挿すことで花留めに。自然素材なので、外から見えても気にならない

一文字（いちもんじ）留め

器の口にぴったり合ったサイズの枝や茎を1本渡す方法。口の広い花器に少ない花を生けるときにおすすめ。花器の上のほうにセットすると花材を留めやすい

吸水性スポンジで留める

吸水性スポンジを使えば、あらゆる方向に花を留められる。茎の先を斜めにカットして挿せば、花をしっかりと固定できる。スポンジの中心に向けてまっすぐ挿す

十文字（じゅうもんじ）留め

一文字留めを2本、十字に交差させて器を4分割。丈夫なので頭が重たい花でも固定しやすく、ある程度高さを出して留めることもしやすくなる

剣山で留める

剣山の針に茎を垂直に挿して留める。角度をつけたい場合は、それからゆっくり茎を倒して。針に挿せない細い茎は、太めの茎に差し込んでから挿す

葉で留める

幅が広くて丈夫なドラセナの葉の部分をくるくると巻いてテープで留め、それを花器の中に並べることで、デザインの一部になると同時に花留めにも

茎や葉を曲げたり丸めたりしてアレンジに動きを

花材の茎や葉を曲げたり、丸めたりできると、アレンジに動きを出せます。カラーやチューリップ、ガーベラなど、節がなくてまっすぐな茎はだいたい手で曲げられます。また、幅が広いドラセナやゲイラックスなどの葉やしなやかで細長いフレクシーグラスなども簡単に丸めることができるので、アレンジを工夫してみましょう。

茎を曲げる
カラーやガーベラなどの茎を曲げたいときは、両手の親指と人さし指の間に茎を通し、曲げたい方向に優しくしごくようにして花首の下まですべらせればOK

葉を丸める
幅が広くて丈夫なドラセナやハランなどは、くるっと丸めてアレンジの周囲に使ったり、ほかの花材を束ねた茎の部分に巻いたり、さまざまな使い方ができて便利

花器のほかにも食器や雑貨を活用

花を生けるのは必ずしも花器である必要はありません。グラスやカップ、ポットなどの食器や、かご、箱、空き缶、空きびんなどもアレンジに活用しましょう。一般に、口がすぼまった器は少ない花材でもバランスよく生けやすく、ラッパ型の器は花が留まりやすいので自然な広がりをもたせて生けやすいものです。

シンプルな皿の上にショットグラスをのせた小さなアレンジ

キッチンにあるガラスの保存びんも素朴な花を生けるのにぴったり

アレンジした花は飾る場所にも気を配って

せっかくアレンジした花を長もちさせるには、できるだけ直射日光やエアコンの風などに当てず、寒すぎず暑すぎない場所に飾りましょう。熱帯地方が原産のアンスリウムやランなどは室温12度を下回らない部屋に。また、光があまり差さない玄関やトイレなどには、アマリリスやヒヤシンスなど、丈夫な球根の花がおすすめです。

熱帯地方が原産のアンスリウムは暖かい場所に

これも知りたい！

アレンジを長く楽しむ方法

アレンジした花を1日でも長くもたせるには、デイリーケアが欠かせません。

まず、毎日水を取り替えて清潔に保つことが基本。花器の水が汚れ、茎の切り口にある導管（水を吸い上げる管）が詰まるのは、茎が腐ってバクテリアが繁殖するのがおもな原因。水を替える際には茎の根元のほうをよく洗い、ぬるつきを取り除きましょう。

その後、新鮮な水の中で茎を切り戻します。導管に入り込んだバクテリアを切り捨てられるのと同時に、茎の断面が新しくなるので新鮮な導管で吸水できるようになります。

水を替える前には、花器もきれいに洗うのを忘れないようにしましょう。

基本

水は毎日替え、替えるたびに茎を切り戻す

アレンジの水は毎日、取り替えて。茎のぬるつきや花器もきれいに洗いましょう。その後、茎を切り戻すと水揚げがよくなります。枯れてきた葉や咲き終わった花などはそのつど、取り除くと長もちします。

新鮮な水の中で茎を切り戻す。それでも元気がないときは湯揚げや深水を

茎のぬるつきはバクテリア繁殖のサイン。水替えのたびに手でよく洗って

応用

水に切り花延命剤や漂白剤、10円玉などを入れる

水を毎日替えられないときなどは、消費した栄養分を補うための糖分と、水を殺菌する成分が含まれている市販の切り花延命剤を使えば、水を替える必要はありません（夏場は除く）。殺菌には塩素系漂白剤や10円玉、栄養補給には砂糖（水1Lに小さじ1程度）などでも代用できます。

切り花延命剤
水に適量注ぐことで花が長もち。微生物の繁殖も抑えられる

塩素系漂白剤
キッチン用や洗濯用の塩素系漂白剤を水1Lに5〜6滴投入

10円玉
水1Lに10円玉を2〜3枚入れておくと、銅が殺菌作用を発揮

lesson 5 花を贈る

母の日や誕生日、結婚祝い、手みやげ、お見舞い、お悔やみなど、いつ誰がもらっても心あたたまるフラワーギフト。
マナーやTPOに合わせ、相手を思いやる心を第一に贈りましょう。

ブーケやアレンジなどのフラワーギフトを贈る際に一番大事なポイントは、贈る相手を思い浮かべ、場の雰囲気を考えながら選ぶことです。

誕生日、結婚祝い、出産祝い、開店・開業のお祝い、発表会や展覧会のお祝い、賀寿のお祝い、母の日や父の日、結婚記念日、送別会、お見舞い、お悔やみやお供えなど、花を贈るシーンはいろいろ。相手が好きな花や色などを考えるのはもちろんのこと、それぞれにふさわしい花選びを心がけましょう。さらに、渡す場所や持ち帰る場合のことなども配慮したいものです。

最近は、冠婚葬祭の花に関しても、あまり堅苦しいことは考えずに贈る傾向にありますが、お見舞いやお悔やみに贈る場合は気にする人もいるので、一般的なマナーを守ったほうがいいでしょう。

花を贈るときはTPOやマナーに配慮すること

贈られた相手が喜んでくれることが何よりも大切なので、好みがわからないときは、相手の好みを考えて。ユリなどの香りの強い花や原色系の濃い色の花は好き嫌いが分かれるので避けたほうが無難です。

お祝いの場合は特に贈っていけない花はありませんが、花首が落ちやすいものや花びらが散りやすいものはふさわしくありません。明るく華やかな花を贈りましょう。

お見舞いの花は「根づく」が「寝づく」に通じる鉢植えや「死・苦」を連想させるシクラメン、お悔やみのイメージが強いキクや白、紫色の花は避けて。香りがきつくなく、病室にそのまま飾れるアレンジがおすすめです。

お悔やみやお供えの花は白や紫色が無難ですが、地域によっても違いがあるので故人の近親者などにあらかじめ相談を。葬儀の場合に祭壇に飾る花は葬儀社が取り仕切っているのが一般的なので、必ず事前に問い合わせてからにしましょう。

Check list

■ **相手の好みは？**
- **好きな花** バラやチューリップ、トルコギキョウなどは、嫌いな人があまりいない花
- **好きな色** 知らない場合は、普段よく着る服や持ちものの色などから判断しても
- **好きなテイスト** かわいらしい、優しい、元気、個性的など、本人に合うイメージで

■ **飾る場所は？**
- **自宅や自分の部屋** ひとり暮らしの場合は大きな花器や花バサミが必要ないアレンジを
- **お店や会社** そのまますぐに飾れて、アフターケアが面倒でないアレンジや鉢植えを
- **病室** 場所をとらず、香りがきつくないものを。鉢植えやシクラメン、白一色は避けて
- **会場** 個展会場などに一定期間飾るなら長もちする花で、そのまま飾れるアレンジを

■ **渡す場所は？**
- **自宅** 配達で届ける場合は、相手が在宅する日時を確認してから手配する
- **外出先** そのまま持ち歩けるように、花を入れる紙袋なども用意すると親切
- **レストラン** 匂いのきつい花は避け、会計時までお店に預かってもらうとスマート
- **舞台などで** 大きな花束や原色などの強い色を使った花束を渡すと見栄えがする

プレゼント用の花束の作り方

これも知りたい！

簡単で見栄えのする花束の作り方をマスターすれば、ちょっとしたプレゼントやおみやげなどに役立ちます。庭に咲いている花や、スーパーやネット販売などで買った花を使って作れば、花屋さんで買うよりずっと安上がりです。中心の花のまわりに1本ずつ斜めに茎を足してらせん状に束ねていく「スパイラルブーケ」なら、少ない本数の花材でも自然にふんわりと広がった形が作れます。

花の色が引き立つ紙やリボンを選んで

用意するもの
- バラ…15〜20本程度
- ユーカリ…5〜7本程度
- 輪ゴム…1本
- ティッシュペーパーやペーパータオル…適量
- アルミホイル（20×30cm）…2枚
- ラッピングペーパー …90×90cm程度
- リボン（5cm幅）…80cm程度

1 バラは下の葉を落としてトゲを取る。茎が長くてまっすぐな花材が作りやすい

2 茎を少しずつずらして重ねるようにしながら、バラを1本ずつ加えていく

3 バラ3本に1本くらいの割合で、ユーカリも同じようにして重ねていく

4 花束を回転させながら花材を全部重ねたら、指で束ねた部分に、輪ゴムをかける

5 輪ゴムをくるくると3〜4周させたら、茎の1本に輪ゴムの輪を通して留める

6 ゴムで束ねた位置より下の部分の茎を、全部同じくらいの長さに切り揃える

7 数枚重ねたティッシュペーパーやペーパータオルを、茎の切り口に下からあてる

8 茎の下部7〜10cmくらいを包み、上から水をかける。したたるくらいたっぷり

9 水がたれないようアルミホイルで覆う。1枚を茎に巻きつけ、1枚は下から覆う

10 アルミホイルで茎を覆った状態。これで保水は万全！

11 ラッピングペーパーの中央に花束を置き、紙の手前側の部分を折って花束に重ねる

12 ラッピングペーパーの左側の部分を花束に重ねるように折る

13 最後に残ったラッピングペーパーの右側の部分を花束に重ねるように折る

14 包んだ花束を起こして、ペーパーを整え、手で持つ部分をテープなどで留める

15 リボンを結んでテープを隠す。リボンはくるくると2回巻きつけ、蝶結びにする

アレンジやプレゼントに役立つ 色別・季節別・シーン別 おすすめ花材一覧

色別

ブルー	白	黄色	ピンク	赤
清潔、さわやか、知的、信頼	清潔、純粋、清らか、無垢	明るい、元気、無邪気、おおらか	優しい、かわいい、夢、恋愛	愛、情熱、勇気、華やか
アジサイ	アマリリス	アルストロメリア	アスター	アマリリス
エリンジウム	アリウム	オンシジウム	カーネーション	アンスリウム
カンパニュラ	ストック	カラー	ガーベラ	カーネーション
ギリア	セルリア	キンギョソウ	スイートピー	クリスマスブッシュ
デルフィニウム	デンファレ	スイセン	チューリップ	グロリオサ
ブルースター	バラ	ナノハナ	トルコギキョウ	ケイトウ
ヤグルマギク	ブバルディア	ヒマワリ	ナデシコ	シクラメン
リンドウ	マーガレット	フリージア	ネリネ	ストロベリーキャンドル
ルリタマアザミ	ユリ	ヘレニウム	バラ	ダリア
ワスレナグサ	レースフラワー	マリーゴールド	ユリ	バラ

254

季節別

冬
クリスマスやお正月の花、針葉樹、実ものなど

- クリスマスローズ
- シクラメン
- ハボタン
- ツバキ
- マツ
- ロウバイ
- サンキライ
- センリョウ

秋
野草、紅葉した枝、実ものなど

- カンガルーポー
- キク
- シュウメイギク
- コスモス
- ススキ
- フォックスフェイス
- リンドウ
- ワレモコウ

夏
ブルー系や原色系の花、熱帯植物など

- アジサイ
- クルクマ
- ケイトウ
- センニチコウ
- ダリア
- トラノオ
- ヒマワリ
- ルリタマアザミ

春
パステルカラー、花木など

- アイスランドポピー
- アネモネ
- チューリップ
- ヒヤシンス
- ラナンキュラス
- サクラ
- モモ
- ミモザ

シーン別

お悔やみ
- トルコギキョウ
- キク
- フリージア
- ユリ

お見舞い
- スカビオサ
- トルコギキョウ
- ネリネ
- ラナンキュラス

発表会・展覧会
- オンシジウム
- グラジオラス
- シャクヤク
- ダリア

開店・開業祝い
- アマリリス
- エピデンドラム
- グロリオサ
- デンファレ

出産祝い
- イベリス
- ガーベラ
- スイートピー
- ブルースター

結婚祝い
- セルリア
- バラ
- ブバルディア
- ユリ

母の日
- カーネーション
- ナデシコ
- マーガレット
- ライラック

誕生日
- チューリップ
- ヒマワリ
- ガーベラ
- バラ

監修／モンソーフルール MONCEAU FLEURS

本店をパリの中心地に置く世界最大のフラワーショップ・チェーン。フランスを中心に、500店舗を越え、日本では、自由が丘本店をはじめ、現在13店を展開中。特に自由が丘本店は、地域のランドマーク的存在として、店の外に並ぶ色とりどりの花のディプレイが通る人の目を楽しませている。また、好みの花を自由に手に取って選ぶスタイルが定着し、手ごろな価格で、新鮮な花や豊富なチョイスとサービスを提供している。2階では、フラワースクールも開講中。『地域に愛されるフラワーショップ』を目指し、全国へ出店を伸ばしている。

MONCEAU FLEURS モンソーフルール
http://monceau-fleurs-japan.com/
自由が丘本店：東京都目黒区自由が丘 1-8-9 岡田ビル 1F & 2F
TEL 03-3717-4187

STAFF

撮影／松岡誠太朗
アートディレクション／石倉ヒロユキ (regia)
デザイン／小池佳代 (regia)
フラワーアレンジ／長坂厚（モンソーフルール）
　　　　　　　　福島啓二 (k's club)
執筆・編集／中村裕美・友成響子・満留礼子（羊カンパニー）

花材協力／川崎花卉園芸株式会社
協力／相嶋学・吉澤みゆき（川崎花卉園芸株式会社）
　　　岡部陽子 (ysteez)

参考文献

・園芸大百科事典（講談社）
・花の園芸大百科（主婦と生活社）
・園芸植物大事典（小学館）
・花図鑑 切花 補強改訂版（草土出版）
・最新版 花屋さんの「花」図鑑（角川マガジンズ）
・最新 花屋さんの花図鑑（主婦の友社）

花屋さんで人気の421種 大判 花図鑑

2012年5月10日発行

● 監修者────モンソーフルール
● 発行者────若松 和紀
● 発行所────株式会社 西東社

〒113-0034 東京都文京区湯島 2-3-13
営業部：TEL (03) 5800-3120　FAX (03) 5800-3128
編集部：TEL (03) 5800-3121　FAX (03) 5800-3125
URL：http://www.seitosha.co.jp/

本書の内容の一部あるいは全部を無断でコピー、データファイル化することは、法律で認められた場合をのぞき、著作者及び出版社の権利を侵害することになります。
第三者による電子データ化、電子書籍化はいかなる場合も認められておりません。
落丁・乱丁本は、小社「営業部」宛にご送付ください。送料小社負担にて、お取替えいたします。

ISBN978-4-7916-1773-9